INTRODUÇÃO À SAGRADA ESCRITURA

Josef Scharbert

INTRODUÇÃO À SAGRADA ESCRITURA

Introdução à Sagrada Escritura
Josef Scharbert
1ª edição - Setembro de 2022
Título original: *Einfuehrung in Die Heilige Schrift*

Os direitos desta edição pertencem a Calvariae Editorial® — Grupo Logos Educacional
Avenida Paraná, 160
CEP: 86130-000 - Bela Vista do Paraíso- PR

Tradução:
Frei Otávio Schneider O. F. M.

Preparação de texto
Lucas de Oliveira Fófano

Revisão de provas:
Lucas de Oliveira Fófano

Capa & diagramação:
Lucas de Oliveira Fófano

Editor:
Lucas de Oliveira Fófano

Scharbert, Josef
Introdução à Sagrada Escritura
Introdução à Sagrada Escritura/Josef Scharbert - PR: Bela Vista do Paraíso, 2022.
164. 13,7 x 21cm
ISBN: 978-65-88257-43-2
1. Cristianismo 2. Bíblia 3. Igreja Católica
CDU 22
CDD 220 220.7 220.9

Distribuição: cedet.
CEDET - Av. Comendador Aladino Selmi, 4630
Bairro San Martin
CEP: 13069-096 Campinas - SP
Telefone: 19-3249-0580
e-mail: livros@cedet.com.br

SUMÁRIO

PARTE III
A BÍBLIA, PALAVRA DE DEUS

PARTE IV
O TEXTO DA BÍBLIA

O autor nasceu em Grosse/Sudetolândia, aos 16 de junho de 1919. Estudou teologia em Weidenau/Sudetolândia. De 1939-1945 prestou serviço militar no front. Continuou seus estudos em Passau, onde foi ordenado sacerdote em 1948 e se dedicou à cura das almas até 1951.

Seguiram-se estudos ulteriores em Lion, tendo-se lá doutorado em Teologia, em 1953. Entregou-se então a estudos exegéticos especializados no Instituto Bíblico de Roma, obtendo o licenciado em exegese no ano de 1954, e em 1957 a cátedra desta matéria em Bonn.

A partir do dia 1° de junho de 1958, exerce o ofício de professor de línguas bíblicas e orientais na faculdade filosófico-teológica de Frisinga.

PARTE I

NOME E DIVISÕES DA BÍBLIA

Em todas as livrarias pode-se, hoje em dia, obter uma edição completa da Bíblia como, aliás, outros livros também. Conforme o formato constará a Bíblia de um, dois ou três volumes. Um comprador avisado, ao adquirir um livro, notifica-se primeiro do título, procurando depois informar-se pelo índice do conteúdo e da estrutura da obra. Nossas edições bíblicas apresentam em vernáculo, quase sempre o seguinte título: "Sagrada Escritura do Antigo e Novo Testamento", ao passo que as edições em línguas originais e no latim litúrgico trazem o título: "Bíblia" ou "Bíblia Sacra" ou expressões similares.

O índice dos textos meramente bíblicos, abstraindo de eventuais explicações, introduções e registos, abrange uma boa lista de 72 ou 73 títulos das diversas partes componentes da Bíblia.

CAPÍTULO I

BÍBLIA E SAGRADA ESCRITURA

A palavra "Bíblia" provém do latim, o qual, por sua vez, a recebeu como estrangeirismo da língua grega, onde a expressão *bíblos* ou também *biblíon* designava o rolo de papiro que se usava então como livro.

Já em tempos anteriores ao cristianismo, empregavam os judeus os seguintes termos para as diversas partes, então já conhecidas de nossa Bíblia atual: "os Livros" (em hebraico: *hassepharim*; em grego *haì Bibloi*, p. ex., Dan 9, 2), "os Livros Sagrados" (1 Mac 12, 9), "o Livro Sagrado" (2 Mac 8, 32). Tais denominações não são, porém, propriamente títulos para a Sagrada Escritura; por isso, usavam-se alternadamente com outras, como por exemplo: "as Sagradas Escrituras" (em hebraico: *kitbe haqqôdes*; em grego: *tà hierà Grámmata*), "as Escrituras" (*graphai*), "a Escritura" (*graphê*), ajuntando-se ainda, nos tempos do cristianismo primitivo, as expressões: "a divina Escritura" (*theia graphê*); "os escritos do Senhor" (*Kyriakai graphai*) e outras mais.

Os escritores eclesiásticos latinos empregavam expressões semelhantes, tais como: "*divinae scripturae*", "*divini codices*", "*divina bibliotheca*", "*sacrae pandectae*", "*auctoritas*" etc. Quando os judeus contemporâneos de Cristo, ou o próprio Jesus, os apóstolos e também os antigos escritores cristãos citam uma passagem da Bíblia, fazem uso das seguintes fórmulas introdutórias: "(Ele = Deus, ou ela = a Escritura) diz" (em hebraico: *omêr*; em grego: *légei*), "está escrito" (em hebraico: *katub*; em grego: *gégraptai*), indicando em seguida mais de perto a parte referida da Bíblia ou omitindo esta indicação. Na Igreja oriental o termo *tá biblía*, como título para toda a Sagrada Escritura, ficou prevalecendo somente a partir de São João Crisóstomo (m. 407). Os teólogos ocidentais da Alta Idade Média adotaram o termo, dandolhe no latim a forma plural: bíblia (*bibliorum*), do gênero neutro, ao passo que os escolásticos empregam a palavra no singular do gênero feminino, bíblia (*bibliae*). Assim a expressão "Bíblia" se incorporou na maior parte das línguas modernas. Ao lado dessa denominação conservou-se também, na maioria das línguas culturais, a expressão "a Escritura" ou a "Sagrada Escritura".

Todos esses títulos mencionados dão a entender claramente que aqui se trata "do Livro", "da Escritura" por excelência, isto é, daquele livro que supera em dignidade e importância a todos os demais livros e obras literárias, cabendo-lhe, perante judeus e cristãos uma autoridade decisiva, em questões de religião.

CAPÍTULO II

ANTIGO E NOVO TESTAMENTO

As edições completas da Bíblia estão hoje em dia já bastante difundidas entre os católicos — se bem que nem todos as leiam. Contudo, mais numerosos são os exemplares que no mercado livreiro se vendem sob a denominação de "Novo Testamento"; esses são bem mais numerosos do que os exemplares do "Antigo Testamento". É que o Novo Testamento é lido com maior freqüência e por isso é impresso em edições separadas, que constam, ordinariamente, de apenas um volume, entre 250 e 400 páginas.

O Antigo Testamento, ao invés, constará, conforme a apresentação, de um ou dois volumes extensos, que juntos ultrapassam 1.000 páginas. Os nomes "Antigo Testamento" e "Novo Testamento" indicam, pois, hoje em dia, as duas partes principais da Bíblia, que, divergindo quanto ao conteúdo e quanto à extensão, podem ser editadas em separado. Originariamente, porém, essas denominações não se referiam aos livros, mas à dupla ordem na economia da salvação, a saber, uma, anterior ao Cristianismo, destinada ao povo de Israel, e a outra, cristã, referente ao povo de Deus, fundado por Cristo, a que chamamos de Igreja.

A palavra vernácula "testamento" significa aqui o mesmo que *testamentum* em latim e *diatheke* em grego. O último significa, às vezes, também na Bíblia, a última vontade de alguém, o "testamento", portanto de um moribundo (cf. Heb 9 16); por via de regra, porém, corresponde este vocábulo grego ao "berit" hebraico, quando quer indicar a aliança de salvação dada por Deus ao povo de Israel, ou as determinações, estatuídas por Deus para a salvação da humanidade.

Já bem cedo (4 Rs 23, 2, 21 e 1 Mac 1, 57) ouvimos falar de um "Livro da Aliança", portanto, de um documento que contém as prescrições emanadas de Deus. Neste sentido chama São Paulo (2 Cor 3, 14) a lei moral e religiosa, dada por escrito ao antigo povo da aliança, de *palaià diatheke* "o Antigo Testamento". Os primeiros autores cristãos adotam este modo de falar, e a partir do segundo século chamam de "Antigo Testamento" aos documentos da revelação, anteriores à era cristã, isto é, a primeira e mais volumosa parte principal da Bíblia; a segunda parte da Bíblia, a mais reduzida, que contém os documentos da revelação dos apóstolos e de seus discípulos, é chamada de "Novo Testamento". Para evitar possíveis enganos, melhor será empregar os termos "Antiga" ou "Nova Aliança" sempre que alguém se quer referir às duas ordens de salvação, ao passo que as denominações "Antigo" ou "Novo Testamento" se reservem, exclusivamente, para designar as duas partes do Livro da Bíblia. Na Literatura, bem como em sermões, é freqüente usarem-se os termos "Antiga" e "Nova Aliança" ou "Antigo" e "Novo Testamento", em ambos os sentidos, designando ora a ordem da economia da salvação, ora as duas partes ela Bíblia.

CAPÍTULO III

A BÍBLIA: COLECÃO DE LIVROS

Quem começa ler a Bíblia não raro espera encontrar um livro de estrutura sistemática, capaz de lhe dar resposta sobre as principais questões da fé cristã e elucidar melhor as origens desta religião. Não demora, contudo, a decepcionar-se, ao constatar ter diante de si um amontoado de textos diversos e incoerentes, ora interessantes, ora monótonos, que não apresentam uma ordem lógica ou formal, e que, considerados isoladamente, possuem diferentes graus de valor literário e instrutivo.

A Bíblia, na realidade, compõe-se de grande número de livros, inicialmente independentes, trazendo cada qual seu próprio título. Encontramos aí Livros relativamente extensos, tais como o Livro de Isaías, o Livro dos Salmos, ou os Evangelhos, ao lado de outros bem reduzidos, que mal encheriam uma página impressa, tais como o "Livro" de Abdias — Obadja ou a segunda e terceira Epístola de São João Apóstolo. Entre outros, temos livros que podem, por sua vez, ser subdivididos em diversas composições literárias; assim, por exemplo, apresenta-se o "Livro dos Salmos" como sendo um conjunto de cânticos independentes. A Bíblia, portanto, é uma coleção de livros; com razão chega a ser chamada: "coleção de coleções".

O Antigo 'Testamento é uma soma de documentos de literatura religiosa que abrange o espaço de tempo que vai de 1300 até 50 anos antes de Cristo; o Novo Testamento é, outrossim, uma coleção de livros e epístolas que abrangem um pouco mais de meio século de tempo, a saber da metade do primeiro século até o começo do segundo século depois de Cristo. Quanto ao Novo Testamento, há relativa uniformidade nas edições modernas, no que se refere à disposição das diversas partes; quanto ao Antigo Testamento, infelizmente, depara-se-nos uma diversidade confusa. Por isso, trataremos primeiro da divisão do Novo Testamento.

CAPÍTULO IV

DIVISÃO DO NOVO TESTAMENTO

Todas as edições do Novo Testamento começam com os quatro Evangelhos, escritos por apóstolos e discípulos; a ordem em que são apresentados é a de sua provável composição. Trata-se, propriamente, sempre, da mesma Boa Nova de Jesus Cristo, compilada apenas por quatro escritores diferentes. Por isso os títulos dados a esses quatro livros são: Evangelho segundo São Mateus, Evangelho segundo São Marcos, Evangelho segundo São Lucas, e Evangelho segundo São João.

Depois dos Evangelhos seguem imediatamente os Atos dos Apóstolos, cujo autor é o mesmo do terceiro Evangelho, isto é, São Lucas.

Segue-se, então, o assim chamado *Corpus Paulinum*, a saber, uma coleção de cartas do apóstolo São Paulo; cartas essas que admitem diversas subdivisões. Um primeiro grupo é formado pelas grandes epístolas paulinas, assim chamadas devido à sua importância doutrinária; compõe-se de uma epístola aos romanos, duas epístolas aos Coríntios, e uma aos gálatas.

Um segundo grupo é formado pelas epístolas do cativeiro, escritas por São Paulo enquanto cativo; são as seguintes: uma aos efésios, uma aos filipenses, e uma outra aos colossenses. Em nossas edições bíblicas seguem-se então, como grupo a parte, as duas epístolas aos tessalonicenses, que, quanto à ordem cronológica deveriam estar no início das cartas paulinas, pois, com muita probabilidade, são as mais antigas. Vem então o grupo das epístolas pastorais, dirigidas por São Paulo não como as outras, a comunidades cristãs, mas sim a pessoas particulares, isto é, a dois bispos: são as duas cartas a Timóteo e uma a Tito. Inserem aqui nossas edições bíblicas a breve epístola a Filêmon, que, a bem dizer, pertence às epístolas do cativeiro. Provavelmente, deram-lhe este lugar por ser uma carta endereçada a pessoa particular. As edições católicas e também outras não católicas apresentam após este *Corpus Paulinum* a epístola aos hebreus, escrita provavelmente, por um discípulo de São Paulo, expondo, contudo, idéias paulinas.

Seguem-se agora, as cartas de outros apóstolos, as chamadas epístolas católicas; temos aí uma epístola de São Tiago, duas de São Pedro, três de São João e uma de São Judas Tadeu. A Bíblia luterana coloca a epístola aos hebreus e a de São Tiago depois da terceira epístola de São João.

No final do Novo Testamento temos a Revelação de São João, conhecida segundo seu nome grego como o Apocalipse.

Com isso temos o elenco dos 27 livros do Novo Testamento.

CAPÍTULO V

A DIVISÃO DO ANTIGO TESTAMENTO

A confusão a respeito da disposição dos diversos livros do Antigo Testamento tem por causa o seguinte: A Bíblia hebraica dos judeus palestinenses, a Bíblia grega dos judeus dispersos e dos cristãos orientais, bem como a versão latina usada pela Igreja ocidental, seguiam, cada qual, sua própria divisão — quanto aos livros do Antigo Testamento. Os editores modernos atinham-se ora a uma, ora a outra ordem, ou então os respetivos autores adotavam uma ordem própria, se é que não aumentaram com isso a desordem.

Os escribas dos judeus dividiram os livros do Antigo Testamento em 3 grupos:

a) os 5 livros da Lei (*torâh*);

b) os *Profetas* (*nebiim*), que eram subdivididos em "antigosprofetas", a saber: Josué, Juízes, Samuel e Reis, os "profetas posteriores", entre os quais enumeravam Isaías, Jeremias, Ezequiel e o "Livro dos doze Profetas";

c) os (*hetubim*), que abrangiam os livros dos Salmos, de Jó, dos Provérbios, os "Cinco Rolos das Festas" (Assim eram chamados porque eram lidos em diversas festas respectivamente: Rute, Cântico dos Cânticos, Eclesiastes, Lamentações e Ester), bem como os livros de Daniel, de Esdras e das Crônicas.

Assim obtemos um elenco de 24 livros. O escritor judaico Josefo Flávio enumera apenas 22 livros, porque unia o livro de Rute ao dos Juízes e o livro das Lamentações ao de Jeremias. As Bíblias hebraicas, modernas adotaram ainda mais uma subdivisão de certos livros, a saber, de Samuel, dos Reis, das Crônicas e de Esdras (1 e 2 Sam, 1 e 2 Crôn. Esdras e Neemias) e a divisão do Livro dos 12 Profetas em 12 livros separados. Esta última disposição, adotada das Bíblias cristãs, faz subir o número das atuais bíblias hebraicas a 39 livros. Este elenco e a sua ordem, abstraindo das subdivisões acima mencionadas, é anterior ao elenco ela Bíblia cristã. Por isso chamam os exegetas os livros componentes apenas da Bíblia hebraica de escritos *protocanônicos*.

A Igreja cristã adotou a tradução grega do Antigo Testamento, feita pelos judeus da Diáspora, da Dispersão, que falavam o grego. Esta Bíblia grega, além dos livros contidos na Bíblia hebraica, apresentava mais 7 livros, a saber: Judite, Tobias, Eclesiástico, os livros da Sabedoria, de Baruc e os 2 livros dos Macabeus; acrescem ainda alguns suplementos dos livros de Daniel e de Ester, assim como as narrações. "Daniel e Suzana", "Daniel e Bel", as quais figuram em nossas edições no livro de Daniel. Essas partes não se acham na Bíblia hebraica, mas foram integradas no cânon cristão em data posterior; por isso chamam-nas de livros ou escritos *deuterocanônicos*. Os manuscritos da Bíblia grega seguem, na enumeração dos livros bíblicos, o critério dos judeus, porém, mesmo entre si, não concordam de todo na seqüência da enumeração. Na Igreja ocidental começou a impor-se, desde a Idade Média, a disposição apresentada pela tradução latina, universalmente empregada aqui, e que nós chamamos de *Vulgata*; esta disposição foi também adotada no cânon, apresentado pelo Concílio de Trento (1546). A Bíblia latina divide o Antigo Testamento do modo seguinte:

a) *Livros Históricos*: 5 livros de Moisés (Gênesis, Êxodo, Levítico, Números, Deuteronômio), Josué, Juízes, Rute, os 4 livros dos Reis (subdivididos geralmente em 2 livros de Samuel e 2 livros dos Reis), os 2 Livros das Crônicas, Esdras, Neemias, Tobias, Judite, Ester e os 2 Livros dos Macabeus.

b) *Hagiógrafos*, denominados também *Livros Proféticos* ou Sapienciais: Jó, os Salmos, os Provérbios, o Eclesiastes, o Cântico dos Cânticos, o Livro da Sabedoria e o Eclesiástico.

c) *Profetas*: Isaías, Jeremias, inclusive o Livro das Lamentações, que pode ser considerado também como livro separado, Baruc, Ezequiel, Daniel, Oséias, Joel, Amós, Abdias, Jonas, Miquéias, Naum, Habacuc, Sofonias, Ageu, Zacarias, e Malaquias. Deste modo obtemos um índice de 45 livros ou contendo as Lamentações à parte: 46.

As Bíblias católicas, os comentários e as obras teológicas atinham-se, outrora, geralmente, a esta ordem adotada pela Bíblia latina. Hoje, já não o fazem tão universalmente. Também os títulos dos diversos livros não apresentam, infelizmente, a desejada uniformidade. Para melhor orientação dos leigos na matéria vamos dar em seguida os títulos e as abreviações dos diversos livros bíblicos, seguindo a ordem apresentada pela Vulgata.

ELENCO DOS LIVROS BÍBLICOS

A. Antigo Testamento

Gênesis: 1 Moisés Gên, Gn; 1 Mos
Êxodo: 2 Moisés: Êx, 2 Mos
Levítico: 3 Moisés: Lev, 3 Mos
Números: 4 Moisés: Núm, 4 Mos
Deuteronômio: 5 Moisés: Dt, 5 Mos[1]
Josué: Jos
Juízes: Jz
Rute: Rut
1° Livro de Samuel (na Vulgata 1 Regum): 1 Sam
2° Livro de Samuel (na Vulgata 2 Regum): 2 Sam
3° Livro dos Reis: 1° Livro dos Reis (Vulgata 3 Regum): 3 Rs, 1 Rs
4° Livro dos Reis: 2° Livro dos Reis (Vulgata 4 Regum): 4 Rs, 2 Rs[2]
Esdras (na Vulgata 1 Esdrae): Esdr, Esd
Neemias (na Vulgata 2 Esdrae sive Nehemiae): Ne
Tobias: Tob
Judite: Jdt
Ester: Est
1° Livro dos Macabeus: 1 Mac

1 Este conjunto dos 5 livros de Moisés recebe em geral a denominação de *Pentateuco*, isto é, *Livro dos cinco rolos*.

2 Para evitar confusão referente a 1 e 2 Sam, citados pela Vulgata como 1° e 2° Livro dos Reis, recomenda-se citar os Livros de Samuel como 1 e 2 Sam e os Livros dos Reis como 3 e 4 Rs.

2º Livro dos Macabeus: 2 Mac
Salmos: Sl
Jó: Job
Provérbios: Prov
Eclesiastes: Ecle
Cânticos dos Cânticos: Cânt
Sabedoria: Sab
Eclesiástico: Eclo, Ecli
Isaías: Is
Jeremias: Jer
Lamentações (Trenos): Lam
Baruc: Bar
Ezequiel: Ez
Daniel: Dan
Oséias: Os
Joel: Joel
Amós: Am
Abdias: Abd
Jonas: Jon
Miquéias: Miq
Naum: Na
Habacuc: Hab
Sofonias: Sof
Ageu: Ag
Zacarias: Zac
Malaquias: Mal

B. Novo Testamento
Evangelho segundo São Mateus: Mt
Evangelho segundo São Marcos: Mc

Evangelho segundo São Lucas: Lc
Evangelho segundo São João: Jo
Atos dos Apóstolos: At
Epístola aos Romanos: Rom
1ª Epístola aos Coríntios: 1 Cor
2ª Epístola aos Coríntios: 2 Cor
Epístola aos Gálatas: Gál
Epístola aos Efésios: Ef
Epístola aos Filipenses: Flp, Filip
Epístola aos Colossenses: Col
1ª Epístola aos Tessalonicenses: 1 Tess
2ª Epístola aos Tessalonicenses: 2 Tess
1ª Epístola a Timóteo: 1 Tim
2ª Epístola a Timóteo: 2 Tim
Epístola a Tito: Tito
Epístola a Filêmon: Flm, Filem
Epístola aos Hebreus: Heb
Epístola de São Tiago: Tgo, Tg
1ª Epístola de São Pedro: 1 Ped, 1 Pe
2ª Epístola de São Pedro: 2 Ped, 2 Pe
1ª Epístola de São João: 1 Jo
2ª Epístola de São João: 2 Jo
3ª Epístola de São João: 3 Jo
Epístola de São Judas: Jud
Apocalipse: Apoc

CAPÍTULO VI

DIVISÃO EM CAPÍTULOS E VERSÍCULOS

Os judeus já haviam dividido os livros do Antigo Testamento, destinados a serem lidos na sinagoga, em partes mais ou menos extensas. Foi, porém, o Cardeal Estêvão Langton (m. 1263), então professor em Paris e depois arcebispo de Cantuária, quem estabeleceu para a Bíblia latina a divisão em capítulos tal como hoje a conhecemos. Hugo de St. Cher (m. 1264) repartiu novamente estes capítulos em sete partes, designando-as com as letras *a* até *g*. Esta divisão, que ocasionalmente ainda encontramos em antigos livros litúrgicos, é hoje inteiramente abandonada. A nossa tão conhecida divisão em versículos, remonta ao impressor parisiense Etienne, o qual a empregou pela primeira vez na sua edição da Vulgata em 1555.

Embora essa divisão em capítulos e versículos nem sempre corresponda bem ao sentido do contexto, tem-se no entanto mostrado de real proveito, sendo adotada, então, tanto para as edições do texto original, como das traduções. Infelizmente, a maneira de fazer citações, não é uniforme. Em geral cita-se primeiro o livro bíblico, usando a abreviação comum e ajunta-se, em algarismos arábicos, o número do capítulo, e separado por vírgula, o número do versículo. Quando vão citados diversos versículos do mesmo capítulo, então separam-se entre si por ponto; diversos capítulos, por sua vez, são separados entre si por ponto e vírgula; quando são indicados 2 ou 3 versículos ou capítulos sucessivos, basta ajuntar ao primeiro número a letra *s*, respectivamente *ss*, isto quer dizer, "e o versículo seguinte (respectivamente o capítulo seguinte)" ou "e os 2 versículos (ou capítulos) seguintes". À mão de alguns exemplos ilustramos esse modo de citações: Jo 6, 8.12.14-18; 8, 13 significa: Evangelho segundo São João, capítulo 6, versículos 8 e 12 e 14 até 18; do mesmo livro capítulo 8 versículo 13. Melhor ainda seria, embora os impressores e editores não o prefiram, a seguinte maneira de citar: Jo $6^{8.\,12.14\text{-}18}$; 8^{13} Lc 3, 7 *ss* ou $3^{\,7\,ss}$ significa: Evangelho de São Lucas, capítulo 3, versículos 7-9. Exegetas franceses e anglo-saxônicos usam muitas vezes algarismos romanos para designar os capítulos e algarismos árabes para designar os versículos, assim por exemplo: SI CXXXVIII: 2, 4-7, isto é, Salmo 138 versículos 2 e 4 até 7.

Outra dificuldade provém da numeração diversa dos salmos, seguida pela Bíblia latina e grega de um lado, e pela hebraica de outro. Pela seguinte tabela veremos melhor essas diferenças:

Bíblia hebraica	Bíblia latina e grega
Sl 1-8	1-8
9	1, 1-21
10	9, 22-42
11-113	A contagem difere por um número para cada salmo: 10-112.
114	113, 1-8
115	113, 9-27
116, 1-9	114
116, 10-19	115
117-146	A contagem difere por 1 número para cada salmo, portanto: 116-145
147, 1-11	146
147, 12-20	147
148-150	148-150

Os livros litúrgicos seguem a contagem da Bíblia greco-latina, bem assim quase todos os exegetas católicos antigos e alguns modernos; os autores não católicos e a maioria dos exegetas católicos modernos citam de acordo com a Bíblia hebraica; a fim de evitar possíveis dúvidas colocam, não raro, a numeração da Bíblia latina entre parêntesis, por exemplo: Sl 75 (74), 2-5.

Maior divergência ainda encontramos na citação dos suplementos deuteronômicos dos livros de Daniel e Ester. Disso, porém, não nos poderemos ocupar agora mais detalhadamente.

PARTE II

O CÂNON: SUA EVOLUÇÃO HISTÓRICA

O elenco dos livros bíblicos é chamado pelos teólogos de cânon. O termo provém do vocábulo grego *ho kanôn*. Significa, primariamente, caniço, uma espécie de bambu, que, usado para medir, passou a designar a medida simplesmente. Em sentido figurado, essa palavra grega, à semelhança do termo "medida", veio a assumir o significado de "norma", "regra". Somente, a partir do século IV depois de Cristo, começaram os escritores cristãos a empregar as palavras *kanonizómena* e *kanoniká* — expressão que poderíamos traduzir com "canônico". Com isso designaram aqueles livros que regulam a fé e a vida dos cristãos e que a Igreja, por isso, enumerou no rol dos livros sagrados. *O cânon é portanto o elenco, estabelecido pela própria Igreja, daqueles livros que contêm a norma para a fé e a vida dos cristãos.*

Como se originou esse cânon? Seu desenvolvimento histórico está inseparavelmente ligado à própria história da Bíblia.

Vamos antes ainda explicar os termos "apócrifos" e "pseudepígrafes", uma vez que deles se fala amiúde ao tratar da história do cânon.

O termo "apócrifo" (em grego *apókryphos* = escondido, oculto) é aplicado pelos teólogos católicos àqueles livros, provenientes do judaísmo ou do cristianismo primitivo, que oferecem pretensas revelações divinas, às vezes ocultas, destinadas apenas a um círculo restrito de pessoas. Tais livros nunca foram aceitos pela Igreja, no rol dos livros bíblicos. Os teólogos não católicos, ao invés, chamam a esses livros de *pseudepígrafos*, isto é, livros que circulam sob falso nome, porque falsamente atribuídos a algum dos profetas ou apóstolos; e os mesmos teólogos não católicos chamam de "apócrifos" a nossos livros deuterocanônicos, pois, em sua opinião, não fazem parte do cânon. Ao encontrar, pois, em livros teológicos o termo "apócrifo", convém examinar se o autor é católico ou não, para entender bem o sentido da palavra.

CAPITULO I

O DOCUMENTO DA FUNDAÇÃO DO POVO ELEITO

O documento mais antigo, apresentado por nossa Bíblia, relaciona-se intimamente, à fundação do povo de Israel. É verdade que a Bíblia nos apresenta certos enigmas sobre o processo histórico da formação do povo israelítico. Contudo, consoante todas as tradições dos escritos bíblicos, sabemos que Deus, chamado por si mesmo de Javé, fez uma aliança sagrada no monte santo, que ora é denominado Sinai, ora Horeb, com o núcleo daquele povo que iria mais tarde ocupar a Palestina e dividir-se em 12 tribos. Moisés foi o intermediário desta aliança. O conteúdo da mesma nos é dado pela palavra bíblica: "Serei o vosso Deus e vós sereis o meu povo" (Lev 26, 12).

Conforme os relatos da Bíblia, temos a impressão de que esta aliança foi celebrada de forma análoga à maneira com que os grandes monarcas de então, isto é, de 1400-750 antes de Cristo, faziam os contratos com seus vassalos.

Nas escavações, feitas na Ásia Menor, acharam-se diversos textos, referentes a alianças. Seguem todos um esquema determinado, mais ou menos da seguinte maneira:

> a) Primeiro, temos um preâmbulo e uma descrição, às vezes muito extensa, das relações já anteriormente existentes entre as partes contratantes; o monarca aponta os benefícios e o auxílio prestados aos vassalos, que assim se vêem obrigados à fidelidade e à gratidão;
>
> b) segue-se, então, a fixação exata das cláusulas do contrato, obrigatórias, em geral, só para os vassalos, não para o monarca;
>
> c) certas cláusulas prevêem a deposição do documento em algum santuário e falam de cópias e da leitura periódica do texto contratual;

d) por fim temos a invocação dos deuses do juramento, para garantia do contrato e ameaças de deprecações sobre os infratores, bem como fórmulas de bênçãos sobre os que guardarem fidelidade. A aliança com isso recebe uma sanção religiosa.

No tempo de Moisés, já se conhecia a arte de escrever e era mesmo costume fixarem-se, por escrito, os contratos. Por isso podemos supor que Moisés, tenha exarado um protocolo de contrato nos moldes dos "contratos de vassalos" do antigo Oriente.[3] Todos os elementos essenciais que figuram nestes contratos também os encontramos no atual Pentateuco, que relata a aliança entre Javé e o povo de Israel; houve certamente alguns acréscimos que dificultam descobrir a primitiva estrutura. Temos:

a) O preâmbulo e a história anterior à aliança, contidos nas narrações sobre os grandes feitos e os benefícios de Deus para com os pais e as tribos que partiam do Egito (Gn 12; Êx 18; Dt 1-3);

b) as cláusulas do contrato acham-se nos textos referentes à Lei dos livros do Êxodo até o Deuteronômio, a saber, Êx 20 = Dt 5 ("decálogo ético"); Êx 21-23 ("livro da aliança"); 34 ("decálogo sobre o culto"); Dt 4-26 ("leis do Deuteronômio");

c) a deposição do contrato no santuário, previsto em Êx 25, 16, 21; Dt 10, 2; 31, 26 e a sua publicação em Dt 31, 11s;

d) a sanção da aliança, contida nas maldições sobre os infratores e as fórmulas de bênção sobre os que são fiéis, Lev 26 e Dt 28.

O documento, que contém cláusulas da aliança, é chamado em Êx 25, 21 *cédut* (traduzido geralmente por "testemunho"), o que, talvez, venha a ser o mesmo que *adê* na língua acádia, pois aí este vocábulo designa um documento de contrato, um protocolo sobre a aliança. A arca sagrada junto da qual, ou na qual, foi guardado aquele

3 Neste terreno, contudo, ainda continuam as pesquisas. O primeiro a estudar minuciosamente estes "contratos de vassalos" do antigo oriente foi V. Koroscc, *Hethitische Staatsvertraege*, Lípsia, 1931. As relações existentes com os textos da aliança, narrada no Pentateuco, foram agora apontadas por: G. E. Mendenhall, *Law and Convenant in Israel and Ancient Near East*, Pittsburg 1955; K. Baltzer na sua dissertação *Das Bundesformular*, 1955, Heidelberg (sua publicação foi anunciada para o outono de 1959 em Neukirchener Verlag); A. Pohl em *Orientalia* 28, 1959, 305. J. Muilenburg em *Vetus Testamentum* 9 (1959) 347-65. Segundo Êx 32, 15 continham "as tábuas da Lei" não apenas o decálogo, mas também outros textos extensos.

documento mosaico, é chamada em Êx 25, 22; 26, 33; 30, 6; Num 4, 5; Jos 4, 16 e em outros lugares de "arca da aliança". Certas passagens, como Êx 40, 20; 3 Rs 8, 9; 4 Rs 22, 8 e outras atestam que um tal documento fora depositado no santuário principal do povo das 12 tribos, a saber, na arca da aliança, no tempo anterior à monarquia, e depois no santuário de Jerusalém, no tempo dos reis. Segundo Jos 8, 32, já existiam cópias, logo após a conquista da terra prometida por parte de Israel.

Além deste documento, atribui a Bíblia, expressamente, a Moisés a narração de um combate (Êx 14), um registe dos lugares percorridos na viagem através do deserto e a composição de alguns cânticos (Êx 15, 1-18; Dt 32).

Por isso podemos bem confiar na tradição, segundo a qual Moisés escreveu ao menos a parte essencial, do Pentateuco, depositando-o no santuário e fazendo cópias para o uso do povo.

Com esses escritos da autoria de Moisés foi lançada a pedra fundamental da Bíblia. Neles encontramos, ao menos, um resumo da história da salvação, desde os dias dos patriarcas até a saída do Egito, uma coleção das principais leis culturais, jurídicas e morais, bem como promessas no caso de fidelidade e ameaças no caso de romperem a aliança. Estes escritos mosaicos formaram um todo, um corpo, que foi designado como "Livro da Lei" ou "Lei de Moisés" (Jos 8, 31-35; 23, 6; 24, 26; 4 Rs 22, 8-23, 2), e como tal foi depositado no santuário, sendo lido publicamente, de tempos em tempos (Dt 31, 10-13; Jos 8, 34; 4 Rs 23, 2; Ne 8, 7s. 18).

CAPÍTULO II

A BÍBLIA DEPOIS DA CONQUISTA DA PALESTINA PELOS ISRAELITAS ATÉ O EXÍLIO

A Lei de Moisés existia, portanto, já no tempo em que Israel iria tomar posse da Palestina e aí se instalava. Possuía, pois, este livro, entre o povo de Israel e também mais tarde entre os judeus, grande valor quanto a suas normas e quanto a sua autoridade. Mesmo assim, não apresentava este livro, no tempo anterior ao exílio, um todo já acabado e fixado em seus detalhes, mas ainda estava sujeito a acréscimos, revisões e adaptações, de acordo com necessidades jurídicas e religiosas que iriam surgir. Corriam, outrossim, entre o povo, certas narrações tradicionais do tempo de Moisés e mesmo anteriores, não consignadas ainda naquele livro; para a jurisdição também surgiam novos problemas sociais, econômicos, éticos e religiosos, devido à instalação do povo em novas terras, e, mais tarde, devido à proclamação da monarquia. Todos estes problemas não tinham sido ainda tratados, nem esclarecidos por Moisés. As autoridades competentes do povo eleito viam-se na contingência de suprir, de interpretar e, se necessário, adaptar a lei de Moisés, sempre dentro do espírito do próprio autor.

A Bíblia mesma (Jos 24, 26) fala de tal suplemento, feito por Josué, que sucedera a Moisés na chefia do povo, por ocasião da renovação da aliança em Siquém. Outra notícia sobre um acréscimo na lei mosaica, temos em 1 Sam 10, 25; Samuel fixa por escrito a lei da monarquia e deposita o documento junto à arca da aliança, tal como fizeram com a lei de Moisés. O conteúdo dessas determinações foi mais tarde provavelmente incorporado à Lei Mosaica, como ainda hoje em dia o Código Civil, ou o *Code Napoléon* na França, tem sido aumentado por "emendas de lei" para corresponder melhor às exigências da época.

Para nós é difícil saber quem, em tempos posteriores, tinha autoridade para fazer tais emendas ou acréscimos; nem sabemos, ao certo, como se realizou a reabsorção das tradições orais antigas nos textos da tradição fixada por Moisés. Porém um exame crítico do atual Pentateuco, feito em bases literárias e históricas, nos convence que muitas gerações e muitas mãos colaboraram até que tivéssemos "os cinco Livros de Moisés", tais como atualmente os conhecemos. Pois neles podemos constatar diversas fases da redação,[4] atentando revisões e redações havidas. Esse livro, que no essencial remonta a Moisés, sofreu diversas remodelações, achava-se temporariamente perdido no tempo de Manasses (693-39) e foi reencontrado no reinado de Josias (638-608) (4 Rs 22, 8-23, 3, 3, 2 Crôn 34, 14-31). Tanto assim que não sabemos bem qual a forma em que se achava por ocasião da destruição do reino de Judá. O exemplar deposto no templo certamente foi queimado quando da destruição de Jerusalém por Nabucodonosor.

Apenas tinham os israelitas se apossado da nova terra que já, iam surgir novos relatos sobre a história religiosa do povo, a partir de Josué. A Bíblia menciona diversas dessas fontes históricas, como por exemplo "o Livro do Justo" (Jos 10, 13; 2 Sam 1, 18), as crônicas dos reis de Israel e de Judá, outros livros que tratavam sobre diversos antigos profetas, etc. Infelizmente não sabemos se nos atuais livros históricos, anteriores ao exílio, há narrações que se achavam já naqueles livros acima mencionados. Os livros históricos de Josué, Juízes, de Samuel e dos Reis contêm muitas narrações e histórias independentes entre si, que só depois de repetidas revisões receberam a forma atual. Pelo fim da monarquia ou no começo do exílio, uma personalidade de notável inteligência, que merece bem o título de historiador, colecionou as várias tradições históricas, quer escritas, quer orais, e nos apresenta uma narração conjunta sobre a história de Israel, de Josué até a ruína do Reino de Judá, em 586 antes de Cristo. Há nesta obra surpreendentes semelhanças, quanto à linguagem e às idéias, com o Deuteronômio, motivo este por que é chamado pelos entendidos de "obra histórica deuteronômica". Posteriormente, foi esta obra desmembrada em livros separados; são os atuais livros bíblicos de Josué, dos Juízes, ele Samuel e dos Reis.

Desde o tempo do profeta Amós, que vivia em meados do século VIII a. C. na parte norte do Reino de Israel, redigiram-se livros, mais ou menos, volumosos, destinados a transmitir à posteridade as

4 A crítica literária distingue no Pentateuco: a) a parte javista (J), nome dado de preferência a Deus nesta fase e parece datar do século 9° antes de Cristo; b) a parte Eloísta (E), nome preferivelmente dado aqui a Deus, escrita com probabilidade nos séculos 7° e 8°; c) o escrito sacerdotal, composto por sacerdotes durante o exílio (P) e o d) Deuteronômico (D), escrito pouco antes do exílio. Alguns consideram a parte javista e eloísta como uma parte só. (JE, chamado por eles de "núcleo" do antigo Pentateuco). Cfr. Steinmann M. Stenzel, *Die Bibel im Lichte der Kritik,* 3° vol. desta série, p. 65-67, 91-95.

palavras dos profetas, bem como notícias referentes a eles. Outra vez trata-se aqui, não de obras escritas de uma só vez, mas de coleções de escritos, da autoria dos próprios profetas ou, em parte, de seus discípulos e admiradores (epígonos). Em Jer 36 é-nos contado algo sobre a origem de um livro profético. Aí se conta que o profeta Jeremias, depois de certo tempo de atividade, colecionou os seus próprios sermões, ditando-os a seu discípulo e secretário Baruc que os copiava num rolo de papiro. Este rolo, porém, foi queimado pelo rei Joaquim e o profeta novamente ditou-os a Baruc. No fim do relato declara-se expressamente que, mais tarde, foram acrescentadas muitas outras palavras de Jeremias. Não padece dúvida que devemos atribuir a coleções anteriores ao exílio, a parte essencial dos nossos livros bíblicos de Amós, Oséias, Isaías (ao menos os capítulos 1-39), Miquéias, Habacuc, Sofonias, Naum e Jeremias, muito embora tenha havido retoques e acréscimos, no tempo durante e depois do exílio. Certamente não existia ainda no começo do exílio um "cânon" completo dos livros dos profetas.

As palavras deles, porém, como demonstra Jer 26, 18, propagadas por seus livros, gozaram de grande autoridade e a elas se recorreu em questões de caráter religioso.

Desde que a arca da aliança fora depositada no Monte Sião em Jerusalém, muito aumentou o esplendor externo do culto no santuário. Esse fato, sem dúvida, instigou aos poetas a comporem cânticos religiosos e orações a serem recitadas nos ofícios religiosos. Já não podemos indicar, exatamente, quais os cânticos do nosso saltério que remontam ao tempo de David. Contudo, devemos supor que boa parte deles se originou no tempo de David e de Salomão.

Conforme 2 Crôn 29, 30 existia no tempo do rei Ezequias, cerca de 700 a.C., um repertório oficial, chamado "Palavras de David e de Asaf", pois este rei ordenara que na nova liturgia do templo, por ele restaurada, Javé devia ser honrado "com as palavras de David e de Asaf". Muitos dos nossos salmos apresentam um título dizendo serem da autoria do Rei David ou de um certo Asaf, músico no tempo de David e de Salomão. Tais indicações nem sempre são exatas, contudo, já devem haver existido tais coleções de cânticos no tempo desses reis.

Ainda o mesmo rei Ezequias deve ter feito uma coleção de provérbios, segundo Prov 25, 1, e que depois circulavam sob o nome de Salomão. O nosso livro atual dos Provérbios contém duas coleções de "Provérbios de Salomão", a saber 10, 1-22, 16 e 25-29. Não temos razões para duvidar de sua origem, que remonta aos primórdios da monarquia.

Com isso constatamos que, no início do exílio, já existia, por escrito, uma boa parte, do Antigo Testamento, isto é: a "Lei de Moisés" que abrange ao menos uma parte notável do atual Pentateuco; "a obra histórica deuteronômica" à qual pertencem os livros históricos anteriores ao exílio, isto é, de Josué até 4 Rs; a maior parte dos salmos; e parte notável do Livro dos Provérbios. Estes escritos certamente tiveram então, sob alguns aspectos, um feitio diverso dos nossos livros bíblicos, pois no Oriente havia uma constante e recíproca influência entre tradição oral e escrita. Contrariamente aos nossos costumes, pouco ligavam ao nome do autor ou à autenticidade literária; e assim podia um livro sofrer, mais tarde, remodelações, retoques, acréscimos e até perdas sem que alguém falasse de falsificação. Além dos produtos literários aqui citados, havia, certamente, tradições orais ou escritas, que só mais tarde, durante e depois do exílio, foram coligidas, redigidas e assim acharam entrada nos livros sagrados de Israel.

CAPÍTULO III

A BÍBLIA NO TEMPO DO EXÍLIO

Poucas terão sido as cópias dos já existentes livros bíblicos, poucos também os documentos, crônicas e demais obras literárias que conseguiram salvar-se da terrível catástrofe do ano 586 a. C. que marcava a destruição do Reino de Judá. As bibliotecas e os arquivos da capital, bem como o templo e o palácio real foram destruídos pelas chamas. Levar os livros das bibliotecas e dos arquivos a um esconderijo seguro — empresa que obteve êxito, ao menos parcial, no povoado de Qumram, no ano 70 depois de Cristo — não foi possível, devido ao cerco prolongado da cidade. Os deportados, dificilmente, podiam levar consigo os rolos de livros nas longas caminhadas a pé, rumo ao exílio. Quantos eram os livros existentes fora de Jerusalém, onde era mais fácil salvar-se algo, não o sabemos. Apesar da situação desesperadora do povo, que a partir da destruição do reino de Judá, chamar-se-ia de "judeu", não aconteceu aquilo que a muitos outros povos orientais acontecera, em circunstâncias idênticas, isto é, não desapareceu numa assimilação forçada dentro da cultura e da religião do novo ambiente. É verdade, o povo das 12 tribos, já não existia mais desde a destruição do reino setentrional de Israel, em 722. As 10 tribos que tinham fundado este reino foram também deportadas e desapareceram sem deixar vestígio. O reino de Judá, com o seu povo, formara apenas pequena parcela daquele povo com que Javé outrora fizera a aliança. E agora esta pequena parte estava ameaçada da mesma sorte, que atingira as tribos setentrionais; esta parcela de povo eleito compunha-se do povo simples que ficara no país, da camada superior do povo que foi levada a Babilônia e de um grupo não pequeno dos que fugiram para o Egito e Arábia. Dificilmente poderemos explicar, historicamente, como desta sobra, ou melhor destas sobras do povo espalhado em todas as direções, poderia surgir, novamente, um povo que com razão se podia chamar de herdeiro do que foi outrora o povo das 12 tribos. É o que se deu com o povo judaico após o exílio.

Mal tinha desabado a catástrofe, e já se iniciou um movimento de renascença nacional e religiosa, sem paralelo na história.

Em Judá mesmo, agora incorporada como província ao reino da Babilônia, mas — coisa estranha — tendo um governador judeu, começou-se a colecionar aquilo que sobrava das tradições escritas ou orais, mormente o que interessava a história religiosa do povo e certas tradições referentes aos profetas. A este esforço nós devemos provavelmente aquela parte do Pentateuco que acima chamamos de JE, a conservação e o acabamento da obra histórica do Deuteronômio, do próprio Deuteronômio, dos livros de Amós, Oséias, Miquéias, Sofonias, Habacuc, Naum, e possivelmente uma segunda ou terceira redação do Livro de Jeremias.

Neste tempo, porém, surgiram em Judá também novas obras literárias, antes de tudo as Lamentações, cantadas ao próprio local do templo destruído, em ofícios litúrgicos, repassados de dor e de tristeza, e de alguns salmos, como por exemplo: os Sls 74 e 79.

Entre os exilados, na Babilônia, destacou-se o profeta Ezequiel, deportado, ao que parece, já em 597. Seus sermões foram colecionados, em parte, por ele mesmo, em parte por seus discípulos. Ao que parece houve aí mesmo um círculo de pessoas piedosas, interessadas na Tradição de Isaías, que propagavam entre os exilados a obra do profeta e até a continuavam dentro de seu espírito. A esse grupo devemos a conservação das palavras de Isaías e seus sermões de consolo, o que agora forma a segunda parte do Livro de Isaías, o assim chamado Dêutero-Isaías (Is 40-55); impossível é dizer, ao certo, se também o assim chamado Trito-Isaías (Is 56-66) foi acrescentado já durante o exílio, ou só mais tarde.

Talvez se agrupassem também certos sacerdotes e levitas, zelosos das tradições da Lei e da história religioso-levítica, em torno de Ezequiel, que descendia de estirpe sacerdotal e que já tinha elaborado um esquema para a nova regulamentação da liturgia, após o retorno esperado. O fruto destes esforços temos, no assim chamado "Escrito dos sacerdotes" (P) do Pentateuco.

Muito embora o salmista afirme (Sl 137, 3s) que os exilados não gostavam de cantar "cânticos de Sião" em presença de seus opressores, terão certamente os judeus do cativeiro cantado, quando sozinhos, os velhos cânticos. Pois é relativamente fácil reter na memória um canto ouvido e mesmo poderiam recompor os cânticos outrora usados nos ofícios divinos. Possivelmente novos cânticos, refletindo a situação dos cativos, terão sido acrescentados. Tais coleções poderão ter sido feitas por várias pessoas e em lugares diferentes, sendo que os mesmos cânticos foram incluídos nas diversas coleções; assim se explica que em nosso livro dos Salmos temos diversas coleções de cânticos, e que um ou outro até se encontre duas vezes (Sl 14 = 53; 40, 14-18 = 70; 57, 8-12 + 60, 7 -14 = 108).

Porém os próprios fugitivos no Egito (Cf. Jer 41, 16-43, 13) e nos vizinhos territórios árabes (cf. Jer 40, 11s) não dispensaram de todo a atividade literária. Assim é que Baruc, residente então no Egito, redigiu de novo e completou o Livro de Jeremias. Tanto no Egito, como também na Arábia, conhecida esta por seus eruditos doutrinadores da sabedoria, terão os sábios judeus colecionado antigos e novos escritos sapienciais. Sob este fundo histórico, se explica melhor a semelhança de certas, passagens do livro dos Provérbios com a literatura sapiencial do Egito, e compreenderemos melhor o colorido árabe que caracteriza o livro de Jó, que apareceu, provavelmente, nesta época.

Melhorando a situação política, mais se incentivou o intercâmbio entre os judeus dos diversos países. Sabemos de Jer 29 e do Livro de Ezequiel que houve bem cedo uma troca de cartas e de notícias entre os exilados e os que tinham ficado na pátria. Terão, pois, também mandado, uns para os outros, as diversas coleções de trabalhos literários, reajustando-os entre si. Certos traços característicos, provenientes do lugar de origem e de tradição, contudo, ficaram. Notamos assim o "formalismo" da literatura "sacerdotal" e o "cosmopolitismo" da literatura sapiencial dos judeus emigrados.

CAPÍTULO IV

A BÍBLIA DEPOIS DO EXÍLIO

Depois que Ciro, rei dos persas, dera, por meio de um edito, em 538 a. C., a todos os povos deportados a licença de voltarem, começou o grande regresso dos judeus para sua pátria, e isso, em diversas etapas. No primeiro tempo da reconstrução da Palestina, temos a atividade dos profetas Ageu, Zacarias, e Malaquias, cujas palavras devem ter sido colecionadas ou por eles mesmos ou por outros, ainda em vida deles. O Livro de Zacarias teve mais tarde algumas revisões e acréscimos. Uma redação nova e sistemática de toda a herança literária, colecionada e salva no exílio e na pátria, foi feita somente um século depois do edito de Ciro, por Neemias e Esdras. A estes dois homens deve-se a consolidação da comunidade judaica, depois do exílio. Em 2 Mac 2, 13, lemos que Neemias fundara uma biblioteca, "reunindo tudo o que se referia aos reis e profetas, as obras de David e as cartas dos reis a respeito das ofertas". Tudo isso torna-se plausível, embora nem todos os escritos aí conservados sejam idênticos com os livros do Antigo Testamento. Neemias, agindo como "homem político", não quis apenas fundamentar as bases político-financeiras da comunidade judaica, mas também conservar o patrimônio cultural de seu povo. Esdras, o reformador religioso, deu, por certo, o último e definitivo retoque ao Pentateuco, aproveitando e incluindo todos os elementos disponíveis da tradição, como sejam a parte "J-E", "o escrito sacerdotal" e o Deuteronômio.

Não temos maiores notícias sobre a extensão e o conteúdo ela "Lei de Moisés", que segundo Ne 8 foi lida e explicada por ordem de Esdras. Como, porém, tal leitura durasse vários dias, é bem possível que se tratasse, em substância, do nosso atual Pentateuco.

Alguns decênios depois de Esdras e Neemias, um levita ou sacerdote, pertencente à escola de Esdras, escreveu o "Livro histórico das Crônicas", que depois foi subdividido nos livros: Crônica, Esdras e Neemias. Em época posterior até às guerras dos macabeus, isto é, em meados do II século antes de Cristo, outros livros tiveram entrada na Bíblia, tais como Ester, Eclesiastes, e Eclesiástico. Este último, embora lido freqüentemente pelos judeus, não era por eles incluído entre os escritos sagrados. Reina completa incerteza a respeito do tempo em que se escreveram os pequenos livros de Rute, Jonas, Joel, e o Cântico dos Cânticos. A maioria dos exegetas fixa sua origem no tempo após o exílio.

Segundo Dan 9, 2, já deve ter existido na Palestina neste tempo uma coleção de livros sagrados, pois aí, pela primeira vez, se menciona um conjunto de "Escrituras", nas quais se podem encontrar revelações divinas. A uma tal coleção de livros sagrados, certamente, deve o Eclesiástico seus conhecimentos sobre a história religiosa. Isto é o que nos atesta o assim chamado "elogio dos antepassados", compendiado nos capítulos 44-49 de seu livro. Aí são mencionados personagens da história israelítica, personagens estes, que nos são conhecidos através dos livros canônicos do Antigo Testamento.

Os 12 (Pequenos) Profetas já formam, segundo Eclo 49, 10, um grupo bem destacado, enquanto que o Livro de Daniel ainda parece ser desconhecido para o autor. Apenas em 1 Mac 2, 59s, supõe-se a existência do Livro de Daniel, o qual deve ter sido escrito, por conseguinte, antes dos Livros dos Macabeus.

De acordo com 2 Mac 2, 14, também Judas Macabeu fez uma coleção de livros sagrados, dispersos nos combates com os sírios. Logo após o término feliz das guerras de libertação judaica, pelo ano 150 a. C., escreveram-se os dois Livros dos Macabeus. Do mesmo tempo, datam os livros deuterocanônicos de Judas, Tobias e, talvez, Baruc. Pela primeira vez aparece a tríplice divisão do Antigo Testamento, usada pelos judeus, a saber: "Tora" (Lei), Profetas e (outros) Escritos. Tal divisão encontra-se num prefácio da tradução grega do Livro do Eclesiástico, escrito pelo ano de 132 a. C. Com isto, o conjunto dos "escritos protocanônicos", isto é, o cânon judaico da Bíblia hebraica, já aparece terminado. Um dos judeus dispersos no Egito, que dominava o grego, escreveu nesta língua, em meados do I século antes de Cristo, o Livro da Sabedoria.

Ao lado de nossos livros canônicos, existiam ainda entre os judeus, desde o tempo dos persas, numerosas produções literárias de cunho religioso e que foram atribuídas a algum célebre homem de Deus do passado: talvez a Enoc, Elias, Baruc, aos patriarcas, a Esdras e até mesmo a Adão e a Eva. Com isso queriam garantir o renome do livro e a sua ulterior propagação. Trata-se, na maioria dos casos, dos assim chamados "apocalipses", isto é, de "revelações" mais ou menos fantásticas, sobre o fim do mundo, ou então de pretensas profecias antigas, sobre acontecimentos da atualidade, as assim chamadas profecias *post eventum*. Tais livros, embora tivessem então boa aceitação, não foram contudo incluídos na Bíblia, nem pelos judeus, nem depois pela Igreja. Chamam-nos de *apócrifos* ou *pscudepígrafos*. Pelos notáveis achados que se fizeram em 1947 perto do Mar Morto, sabemos que a comunidade sectária dos judeus, em Qumran, conhecia, com exceção do Livro de Ester, todos os demais escritos protocanônicos, alguns deuterocanônicos (Eclesiástico e Tobias), escritos apócrifos e grande número de outros; até agora desconhecidos. Ignoramos, outrossim, qual a autoridade que os judeus davam aos vários escritos. Certamente destacaram bem a "Lei de Moisés" (Pentateuco) e os Profetas.

Grande importância obteve, para a história posterior do cânon, a tradução grega do Antigo Testamento, feita pelos judeus da "Dispersão", começada no século III antes de Cristo, e completada no tempo de Cristo. Conhecemos a tradução pelo nome de Septuaginta. Mais tarde voltaremos a ela. Nesta Bíblia grega, usada pelos judeus da Dispersão, foram também incluídos os livros deuterocanônicos, não encontrados na Bíblia hebraica: a saber, os livros de Tobias, Judite, o 1º e o 2º dos Macabeus, de Baruc, do Eclesiástico e da Sabedoria, assim como certos trechos deuterocanônicos dos livros de Daniel e de Ester. Nos manuscritos dessas traduções e por isso também, nas edições modernas da Septuaginta, achamos ainda alguns apócrifos, como os Salmos de Salomão, um livro chamado na Bíblia grega de 1° Livro de Esdras e um 3° e 4° Livro dos Macabeus.

CAPÍTULO V

O ANTIGO TESTAMENTO ENTRE OS JUDEUS CONTEMPORÂNEOS DE CRISTO

No tempo de Cristo havia vários livros que continham pretensas revelações, fato esse que muito contribuiu para aumentar entre os judeus a incerteza no que se referia aos livros autênticos da "Escritura Sagrada" Ao que parece não se fazia muita distinção, na comunidade de Qumran, entre escritos canônicos e não canônicos. Os judeus da Dispersão liam os livros deuterocanônicos e também alguns apócrifos não só em particular, mas até nos ofícios divinos na sinagoga. Entre os judeus palestinenses levantavam-se dúvidas sobre os livros de Ester e o Cântico dos Cânticos, por parecerem algo profanos, se pertenciam ou não aos Livros Sagrados. O então mais célebre sábio judaico, Filo, cita somente livros que constam na Bíblia hebraica. De maneira idêntica procede o historiador Josefo Flávio que era de origem palestinense, mas escrevia em grego; ele só conhece 22 livros que "relatam as coisas divinas de modo fidedigno", isto é, os livros protocanônicos. Assim segue ele a tradição dos fariseus que, conforme a Mischna, atribuíram a Esdras a conclusão do cânon, admitindo na Sagrada Escritura somente livros escritos antes da extinção dos profetas, isto é, antes de Esdras. Com isso deviam atribuir, a autores mais antigos livros que na realidade eram de data mais recente. Assim atribuíram a Salomão o Livro do Eclesiastes e o Cântico dos Cânticos, enquanto o Livro de Daniel recebeu o título de acordo com a personagem principal do próprio Livro.

Nas escolas dos escribas judaicos ia também prevalecendo o ponto de vista farisaico. O Talmud indica os seguintes critérios para os livros canônicos:

a) plena concordância com a Lei mosaica;

b) idade notável, isto é, não posterior a Esdras;

c) origem palestinense;

d) língua hebraica ou aramaica.

Todas as dúvidas, a respeito da extensão do cânon, foram dissipadas para os judeus pela lista do cânon do século II depois de Cristo, contida no Talmud babilônico, Baba-Batra f 14b — 15a.

Este enumera todos os 24 livros protocanônicos e combina, se incluirmos a subdivisão posterior de alguns livros, com as atuais edições hebraicas da Bíblia. Desta forma decidiram-se os judeus definitivamente pelo cânon reduzido de apenas 24 livros. Não obstante, gozavam os livros do Eclesiástico e de Baruc de tal autoridade entre certas comunidades judaicas, que sua leitura, até o III século, era feita mesmo na sinagoga.

CAPÍTULO VI

O ANTIGO TESTAMENTO NA IGREJA CRISTÃ

Jesus Cristo não queria, assim o diz em Mt 5, 17, "abolir a Lei e os Profetas, mas sim levá-los à perfeição". É verdade que Ele não deixa dúvidas sobre o seu poder de suprimir, completar e interpretar com autoridade as prescrições do Antigo Testamento (Mt 5, 27-48; 19, 8s; Mc 10, 2-12); mas, por outro lado, considera a Lei de Moisés, os Profetas e outros livros do Antigo Testamento expressamente como documentos da revelação, nos quais o povo judeu podia descobrir as exigências religioso-morais (Mt 7, 12; 22, 40; Mc 7, 10; Lc 10, 20; 10, 29; Jo 7, 19), a ação poderosa de Deus (Mt 22, 29) bem como a missão e o ofício do Messias (Mt 11, 13s; Lc 4, 16-21; 18, 31; 24, 2-27, 44-46; Jo 5, 39). Jesus menciona freqüentemente a "Lei de Moisés" (Mt 5, 18; 12, 5; Lc 10, 26), ou a "Lei e os Profetas" (Mt 5, 17; 7, 12; 11, 13; 22, 40), ou "a Lei, os Profetas e os Salmos" (Lc 24, 44) ou simplesmente "a Escritura" (Mc 12, 10; Lc 4, 21; Jo 10, 35). É certo que não nos apresenta a enumeração exata dos escritos aos quais atribui autoridade religiosa decisiva. Seguindo a praxe dos fariseus, usava em suas citações apenas passagens tiradas da Bíblia hebraica, e não dos livros deuterocanônicos, pois, não sendo aceitos como autoridade religiosa pelos escribas, de nada adiantaria citá-los em discussão com eles.

O exemplo de Jesus foi seguido pelos apóstolos e os discípulos deles. A Igreja primitiva aceitou o Antigo Testamento como documento de revelação, atrás do qual via a autoridade divina. Reportam-se a ele com a fórmula: "está escrito" (At 7, 42; Rom 1, 17; 3, 4; 1 Ped 1, 6 e outros). Também os apóstolos e seus discípulos só citam nominalmente, isto é, expressamente, os livros protocanônicos, e isto, por via de regra, segundo a tradução grega da Septuaginta. Amiúde, porém, aludem aos livros deuterocanônicos (cf. Rom 1, 12-52 referente a Sab 12, 24-15, 19; Rom 2, 11 referente a Sab 6, 7s; 1 Cor 6, 2 referente a Sab 3, 8; Heb 11, 34s referente a 2 Mac 6, 18-7, 42, etc).

Uma relação completa dos livros canônicos não existe ainda na Igreja primitiva.

Os escritores da época posterior aos apóstolos, os assim chamados Padres Apostólicos, os Apologetas e os Padres do século II, citam conforme a Bíblia grega, sem fazer diferença entre livros protocanônicos ou deuterocanônicos. Assim o fazem até meados do III século. Os teólogos mais notáveis daquele tempo, quer do Oriente quer do Ocidente, como Clemente de Alexandria, Orígenes, Tertuliano, Cipriano, Hipólito, enumeram expressamente os livros deuterocanônicos entre os documentos da revelação. Esta tradição acha-se confirmada em representações da arte cristã, máxime nas pinturas das catacumbas, onde deparamos com motivos artísticos, tirados tanto dos livros deuterocanônicos, quanto dos protocanônicos.

A partir, porém, do III século, levantam-se na Igreja Oriental certas vozes importantes que, influenciadas pelo cânon judaico mais restrito, assumem uma atitude crítica perante os livros deuterocanônicos, ou ao menos perante alguns deles. Em suas obras posteriores defende Orígenes a Sagrada Escritura "segundo os hebreus", isto é, segundo o cânon restrito dos judeus. Santo Atanásio (295-373) distingue entre livros que ensinam puramente "a doutrina da piedade (os livros protocanônicos e Baruc) e outros que não foram aceitos no cânon, mas que podem ser lidos" (Jdt, Tob, Ecli, Sab, e Mac) e os apócrifos que não merecem ser lidos. Cirilo de Jerusalém fala, sem mais nem menos, dos escritos, admitidos na liturgia (os livros protocanônicos e Baruc) e "os outros, que devem ficar fora, os do segundo cânon". Epifânio e Gregório Nazianzeno encaram os livros deuterocanônicos de maneira semelhante.

No modo de citar, porém, não são conseqüentes, citando também livros deuterocanônicos, usando até a fórmula: "segundo diz a Escritura".

Sob a influência de tão importantes Padres da Igreja Oriental, também alguns Padres Latinos dos séculos IV e V, como Rufino e Hilário, restringiam a Sagrada Escritura ao cânon judaico. Um defensor ardoroso do cânon restrito foi São Jerônimo, depois de ter estudado hebraico com a ajuda de um rabino, e de ter traduzido o Antigo Testamento das línguas originais. Nas citações, contudo também ele deixa de ser conseqüente.

Apesar dessas vozes contrárias podemos, porém, constatar que a grande maioria dos Padres gregos, latinos e sírios, tais como Basílio,

Gregório de Nissa, João Crisóstomo, Cirilo de Alexandria, Lactâncio, Ambrósio, Agostinho, Leão Magno, Afraat e Efrém ficaram com o cânon ampliado da Bíblia grega. A essa tradição atinham-se os mais célebres manuscritos gregos e latinos da Bíblia, que incluíram os livros deuterocanônicos. Às supremas instâncias da Igreja só bem tarde se propuseram a discutir sobre a extensão do cânon, tomando então atitude definida. Antes de conhecermos as declarações oficiais do Magistério, estudaremos ainda o desenvolvimento do cânon do Novo Testamento.

CAPITULO VII

A HISTÓRIA DO CÂNON DO NOVO TESTAMENTO

Jesus Cristo transmitiu aos homens a sua doutrina oralmente e não a fixou por escrito. Também os apóstolos foram incumbidos de pregar e não de escrever. A maioria deles não nos deixou nenhuma linha escrita. Os escritos que nós temos dos apóstolos e de alguns discípulos deles têm o caráter de "escritos ocasionais". Devem sua origem a determinadas situações e necessidades da cura d'almas. A Igreja primitiva, a geração do tempo dos apóstolos, contentara-se com o Antigo Testamento e as palavras do Senhor, transmitidas pela pregação dos discípulos de Jesus. E desta forma chegaram a conhecer a vontade divina e os seus planos de salvação. Não precisavam ainda de um documento adicional de revelação. Conforme Col 4, 16 costumavam as comunidades vizinhas permutar entre si, ocasionalmente, cartas dos apóstolos. Porém, não fizeram, naquele tempo, nenhuma coleção oficial de tais escritos. Os apóstolos e os discípulos do Senhor escreveram certamente muitos outros livros, cartas e documentos, além dos nossos escritos canônicos. Assim encontrou São Lucas (Lc 1, 1-4) muitas notícias escritas sobre a vida e a pregação de Jesus e as aproveitou para o seu evangelho. Também de São Paulo sabemos (1 Cor 5, 9) que escrevera, além das cartas por nós conhecidas, outras que se perderam. Enquanto os apóstolos ainda viviam, as copias de suas pregações não eram ainda tão importantes que merecessem ser arquivadas cuidadosamente. Por isso perderam-se muitos documentos deste tempo do cristianismo primitivo.

Mudou radicalmente a opinião sobre a herança literária dos apóstolos, quando um após outro deixou este mundo. Então começaram a colecionar com cuidado os escritos dos testemunhos da vida, morte e ressurreição do Senhor, bem como as epístolas dos fundadores de comunidades cristãs, copiando-as, lendo-as nas reuniões litúrgicas e permutando-as entre si.

Na passagem do I para o II século existiam já, como primeira coleção fora do Novo Testamento, as Cartas de São Paulo, escritas entre 45 e 67. A elas se refere São Pedro (2 Ped 3, 15s), ao lado dos "outros Escritos", isto é, do Antigo Testamento. Já que ele menciona as cartas de permeio com as outras Escrituras, parece que lhes atribui a mesma autoridade canônica. Por meados do século II cita São Policarpo 10 epístolas de São Paulo. A omissão de 1 Tess, de Filêmon e de Tito parece ocasional e faz supor que Policarpo tenha já conhecido todo o *Corpus Paulinum*.

Na segunda metade do I século surgiram os quatro evangelhos. A princípio não se destinavam a Igreja toda, pois Mateus escrevera para as comunidades judeu-cristãs da Palestina, Marcos para os cristãos de Roma, Lucas para os da Itália e Grécia e João para as comunidades da Ásia Menor. Pela metade do II século também estes 4 livros formavam um todo já acabado. Justino (m. cerca de 165) é o primeiro a atestar que os evangelhos eram lidos na Igreja ao lado dos profetas. Com isto está demonstrada a equiparação dos quatro evangelhos com o Antigo Testamento, no que se refere à sua autoridade canônica. Taciano, oriundo da Síria, e discípulo de Justino, usou para a sua obra *Concordância dos Evangelhos* apenas os quatro evangélicos canônicos.

Os Padres Apostólicos, pelos meados do século II, conhecem também a maior parte dos demais escritos do Novo Testamento, citando-os ao lado do A. T. com tanta freqüência, que faz supor terem eles sido lidos publicamente nos ofícios litúrgicos.

Ainda em meados do II século tornou-se bem palpitante a questão do cânon, porque o herege Marcião rejeitara o A. T., aceitando do Novo apenas o Evangelho de São Lucas e 10 epístolas de São Paulo (sem as epístolas pastorais) como fontes da revelação. Deste modo viram-se as comunidades ortodoxas na contingência de confeccionar um elenco daqueles livros, que eram considerados como pertencentes à Sagrada Escritura. Uma tal lista do II século encontrou-se num documento, escrito em latim, provavelmente em Roma, chamado *Canon Muratori*, lembrando o nome do cientista que o descobriu. O autor daquele documento conhecera de certo todos os quatro evangelhos. Achando-se, porém, a primeira parte do documento danificada, a enumeração dos livros do Novo Testamento começa só com Lucas. Depois de João seguem os atos dos Apóstolos, e logo depois as 13 epístolas de São Paulo (sem Heb!), a Epístola de São Judas Tadeu, as duas primeiras cartas de São João e o Apocalipse. Tertuliano (morto em 220) emprega, por primeiro, a expressão *Novum Testamentum*, que ao lado do Antigo Testamento perfaz "*totum instrumentum utriusque testamenti*", isto é, pertence ao "instrumento" total de ambos os testamentos. Assim outorga ele ao Novo Testamento uma autoridade igual ao Antigo.

Quanto ao âmbito do cânon, custou haver unanimidade entre as várias comunidades do Ocidente e do Oriente. No início do III século aceitavam-se, em toda a Igreja, como livros canônicos os quatro Evangelhos, os Atos dos Apóstolos, 13 Epístolas de São Paulo (sem Heb), a primeira Epístola de São Pedro e a primeira Epístola de São João. A Epístola aos Hebreus passara por canônica apenas no Oriente, sendo quase desconhecida no Ocidente. No Ocidente enumeravam o Apocalipse entre os Livros Sagrados, ao passo que no Oriente discutiam sobre seu valor canônico. Eusébio de Cesaréia (m. cerca de 340), bispo e historiador, nos dá um aspecto elucidativo sobre a discussão havida então sobre o cânon.

Divide ele os livros do Novo Testamento da seguinte forma:

a) Livros aceitos unanimemente pela Igreja toda: os quatro Evangelhos, os Atos dos Apóstolos, as 14 Epístolas de São Paulo (com a ressalva de que alguns rejeitam a Epístola aos Hebreus), 1 Jo, 1 Ped e "caso alguém a achar boa, também o Apocalipse de São João, sobre o qual há divergências de opiniões";

b) Livros discutidos, onde ele distingue novamente entre os "que são aceitos pela maioria" (Tgo, Jud, 2 Ped, 2 e 3 Jo), e falsas (as atas apócrifas de Paulo, Pastor de Hermas, Didaché e outros);

e) Escritos heréticos, que devem ser rejeitados de todo. No correr do IV século as diferenças iam-se amainando. A Igreja latina aceitou a epístola aos Hebreus, a grega o Apocalipse. O número das epístolas católicas foi fixado definitivamente em 7.

CAPÍTULO VIII

A CONCLUSÃO DO CÂNON

A primeira apresentação oficial do cânon nos é referida pelo sínodo de Hipona, na África, realizado em 393. Aí lemos:

> "Além dos escritos canônicos não seja lida outra coisa sob o rótulo de "Sagrada Escritura". Os escritos canônicos, porém, são: Gnesis, Exodus, Leviticus, Numeri, Deuteronomium, Jesus Nave (Josué), Juízes, Rute, os quatro Livros dos Reis, os dois Livros das Crônicas, Job, o Saltério de David, os cinco Livros de Salomão (isto é, Livros sapienciais atribuídos a Salomão: Provérbios, Sabedoria, Cântico dos Cânticos, Eclesiastes e Eclesiástico), os 12 Livros dos Profetas (os atuais 12 pequenos profetas), Isaías, Jeremias (inclusive Lamentações e Baruc), Daniel, Ezequiel, Tobias, Judite, Ester, os 2 Livros de Esdras (Esdras e Neemias), os 2 Livros dos Macabeus. Do Novo Testamento, porém, são: Os quatro Livros dos Evangelhos, os Atos dos Apóstolos, 13 Epístolas de São Paulo Apóstolo, uma do mesmo, escrita aos Hebreus (Heb é aqui separada do Corpus Paulinum!), 2 de São Pedro, 3 de São João, 1 de Tiago, 1 de Judas e o Apocalipse de João" (EB 16 e 17).

Este cânon foi confirmado pelo Concílio particular de Cartago (419), sendo que aqui a carta aos Hebreus foi simplesmente enumerada entre as 14 Epístolas, de São Paulo. O Papa Inocêncio I mandou, em 405, um elenco idêntico ao bispo Exupério, no sul da França, e a Igreja Oriental aceitou, no assim chamado segundo Concílio Trulanum (692), o mesmo cânon sem restrições. O patriarca Fócio (morto em 891) mais uma vez o confirmou, tornando-o obrigatório para toda a Igreja grega. No Ocidente deparamos com idênticas listas do cânon no assim chamado *Decretum Gelasianum* e no decreto do

Concílio de Florença para os jacobitas (1441). Com isso parecia definitivamente decidido quais os livros pertencentes à Sagrada Escritura.

Nova discussão surgiu com Martinho Lutero. Ele traduziu, é verdade, também os livros deuterocanônicos. Colocou-os, porém, no fim de sua Bíblia, declarando-os expressamente apócrifos e como livros "que não devem ser equiparados à Sagrada Escritura, sendo contudo úteis e bons para ler". Por isso viu-se o Concílio de Trento obrigado a dirimir a questão, de uma vez para sempre, declarando, com sua autoridade, para toda a Igreja, quais os livros que pertenciam ao cânon. Fê-lo na IV sessão do dia 8 de abril de 1546. Eis as palavras do documento que nos interessa:

> "Para que não subsista nenhuma dúvida sobre quais sejam (os Livros) reconhecidos pelo Concílio, são os seguintes: Do Antigo Testamento: os 5 Livros de Moisés, isto é, Genesis, Exodus, Leviticus, Numeri, Deuteronomium; Josué; Juízes; Rute; os 4 Livros dos Reis: os 2 livros das Crônicas; de Esdras um primeiro e um outro, chamado de Neemias; Tobias; Judite; Ester; Job; o Saltério de David com 150 salmos; Provérbios; Eclesiastes; Cântico dos Cânticos; Sabedoria; Eclesiástico (Jesus Sirach); Isaías; Jeremias com Baruc (as Lamentações não se mencionam à parte, estão incluídas no Livro de Jeremias); Ezequiel; Daniel; os 12 Pequenos Profetas, isto é, Oséias, Joel, Amós, Abdias, Jonas, Malaquias, Naum, Habacuc, Sofonias, Ageu, Zacarias, Miquéias, 2 Livros dos Macabeus. Do Novo Testamento: os quatro Evangelhos segundo Mateus, Marcos, Lucas, João; os Atos dos Apóstolos, escritos pelo evangelista Lucas; as 14 Epístolas do Apóstolo Paulo: uma aos Romanos, 2 aos Coríntios, uma aos Gálatas, uma aos Efésios, uma aos Filipenses, uma aos Colossenses, duas aos Tessalonicenses, 2 a Timóteo, uma a Tito, uma a Filêmon, uma aos Hebreus; do Apóstolo Pedro 2; do Apóstolo João 3; uma do Apóstolo Tiago; uma do Apóstolo Judas; e o Apocalipse do Apóstolo João. Se, porém, alguém não tiver estes mesmos livros com todas as suas partes, assim como costumam ser lidos na Igreja católica e como estão contidos na antiga e universalmente propagada edição latina, em conta de santos e canônicos.... então seja anátema" (EB 57-60).

Os gregos ortodoxos têm o mesmo cânon. Na Igreja russa começaram a discutir, a partir do século XVIII, acerca dos livros deuterocanônicos, e isto, sob a influência do protestantismo. A mais recente tradução bíblica russa, do patriarcado de Moscou (de 1956), contém os livros deuterocanônicos na mesma ordem como a Bíblia grega. A maioria das diversas seitas protestantes está de acordo com Lutero na recusa dos livros deuterocanônicos. Quanto ao Novo Testamento não há divergência alguma entre católicos, gregos, russos e protestantes.

PARTE III

A BÍBLIA, PALAVRA DE DEUS

CAPÍTULO I

O LIVRO QUE VEM DE DEUS

Os diferentes nomes, dados à Bíblia desde os tempos mais remotos, bem como a história do próprio cânon, nos indicam que tanto o judaísmo, como a Igreja crista atribuíam aos livros bíblicos uma autoridade que não davam a outros livros. Pois não se referiam à Bíblia apenas, ocasionalmente, em questões religiosas, mas deduziam dela todo um sistema de fé e de moral. O Concílio de Trento, como já vimos, de acordo com toda a tradição cristã e judaica, chamou os escritos, contidos na Bíblia, de "santos" e "canônicos"; a primeira expressão visa em especial às relações íntimas que a Bíblia tem com Deus como autor da mesma, enquanto a segunda expressão frisa a autoridade normativa e decisiva que ela tem em matéria de fé e de costumes. Justamente, porém, estas expressões "santo" e "canônico" precisam ser melhor explicadas; pois, de alguma maneira, poderíamos também considerar outros livros, fora da Bíblia, como santos e importantes para a fé cristã. Assim acontece serem chamados de "livros santos" os livros litúrgicos, usados pela Igreja no serviço divino, tais como o missal, o ritual, o pontifical, e outros. Quanto à fé e à moral, temos também documentos decisivos do magistério ordinário e extraordinário, máxime as decisões dogmáticas dos papas e dos concílios, bem como os catecismos. Todavia não fazem parte da Sagrada Escritura. Podemos, pois, perguntar: Por que incluiu a Igreja no cânon da Bíblia, de acordo com o elenco apresentado pelo Concílio de Trento, os livros contidos justamente na tradução latina, na assim chamada Vulgata?

A questão não foi de todo dirimida no Concílio de Trento, havendo, pois, lugar para opiniões diferentes. Por isso, mais tarde, discutiam os teólogos freqüentemente esta questão. Uns eram da opinião de que bastava o fato de ter sido escrito, de maneira puramente natural, por um profeta e apóstolo e de ter sido posteriormente reconhecido pela Igreja, iluminada pelo Espírito Santo, como documento infalível da fé, para um livro ser considerado santo e canônico. Neste caso, falam de uma "*approbatio*", ou até "*inspiratio subsequens*", isto é, de "aprovação" ou "inspiração posterior". Com algumas modificações, foi a opinião defendida pelo professor de Lovaina L. Lessius (m. 1623), por J. Bonfrère S. J. (m. 1643) e pelo bispo de Espira D.B. von Haneberg O.S.B. (m. 1876). Outros, é verdade, afirmavam serem os livros bíblicos santos e canônicos pelo fato de terem sido escritos sob influência especial do Espírito Santo; porém, achavam eles, a influência foi apenas negativa, isto é, fez com que o autor se mantivesse livre de erros. Essa opinião teve por fautores, entre outros, o professor de Paris L. E. Du Pin (m. 1719) e o célebre padre premonstratense de Viena J. Jahn (m. 1816). Ambas as opiniões foram rejeitadas pela Igreja.

A discussão não foi de todo em vão; obrigou o Concílio do Vaticano a ocupar-se mais de perto com a questão e de decidi-la finalmente. O concílio confirmou na 3ª sessão do dia 24 de abril de 1870 o cânon estabelecido pelo Concílio de Trento e indicou mais precisamente o critério que decide sobre a aceitação dos diversos livros no cânon:

> "Os livros do Antigo e Novo Testamentos, integralmente com todas as suas partes, devem ser tidos como santos e canônicos, assim como são enumerados naquele decreto e como estão contidos na antiga e universalmente propagada edição latina. A Igreja os considera santos e canônicos não porque, tendo sido compilados por esforço humano, tenham depois sido confirmados pela autoridade da Igreja; nem pelo motivo de conterem, sem erro, a revelação. Mas pelo fato de que, tendo sido escritos sob a influência do Espírito Santo, tem a Deus por autor e como tais foram entregues à Igreja" (EB 77).

O concilio resume, em seguida, sua decisão sobre o cânon e sobre a origem divina dos livros canônicos nas seguintes palavras:

> "Se alguém não aceitar como santos e canônicos os livros da Sagrada Escritura, integralmente, com todas as suas partes, assim como os enumerou o Sagrado Sínodo de Trento, ou negar que foram divinamente inspirados, (*divinitus inspiratos esse*), então seja anátema" (EB 79).

Podemos daí estabelecer a seguinte definição: A Bíblia é a coleção daqueles livros que, sendo santos e decisivos para a fé e a vida moral do cristão, têm Deus por autor, porque foram escritos sob a influência do Espírito Santo, e como tais foram entregues à Igreja por Jesus e os Apóstolos.

Ocasionalmente tem sido discutida, mesmo no presente, a questão, se houve outros escritos dos profetas ou dos apóstolos, que, igualmente inspirados e portanto de origem divina, se perderam. Pergunta-se, também, se certos livros, conhecidos do tempo anterior a Cristo e mesmo do cristianismo primitivo, como o livro de Enoc, a carta de São Clemente ou a *didaché*, que ocasionalmente foram incluídos pelos primeiros cristãos na Sagrada Escritura, foram também inspirados, podendo assim ainda ser incluídos no cânon pela Igreja. Nem o Tridentino, nem o Concílio do Vaticano, se referiram a isso, se há ou não, fora da Vulgata, escritos inspirados e se o cânon deve ser considerado definitivamente acabado. Todavia, estas questões, são de natureza teorética e de pouco interesse prático, e isto, pelo seguinte:

a) pouca esperança existe de encontrarmos ainda algum escrito da autoria de um profeta ou apóstolo;

b) é pouco provável que a Igreja reconheça como inspirado e como canônico um livro que, por mais de 15 séculos, não tenha sido incluído na Sagrada Escritura.

Embora não haja, sobre o caso nenhuma declaração formal, a Igreja, praticamente, procede como se o cânon já estivesse concluído. De fato só depende a inspiração e o caráter canônico daqueles escritos que até agora figuravam na Bíblia.

CAPÍTULO II

A INSPIRAÇÃO

Acabamos de ver que o Concílio do Vaticano definiu a autoria divina da Bíblia com as expressões: "*divinitus inspirati*", isto é, inspirados por Deus, e "*Spiritu Sancto inspirante conscripti sunt*", isto é, escritos sob a inspiração do Divino Espírito Santo. Estas locuções são emprestadas da própria Bíblia.

São Paulo admoesta a seu discípulo Timóteo a permanecer fiel à doutrina que ele ouviu do próprio apóstolo e que ele achou nas "Sagradas Escrituras", conhecidas desde a juventude. Estes livros sagrados, como é óbvio, são os livros do Antigo Testamento. São Paulo os chama em particular de *graphê theópneustos*, o que a Bíblia latina traduz por "*scriptura divinitus inspirata*". Isso vem a ser, em vernáculo, "escritura comunicada pelo sopro de Deus" ou "escritura inspirada" (2 Tim 3, 16). Da pregação profética do Antigo Testamento diz São Pedro (2 Ped 1, 20s) que sua interpretação não é tarefa dos homens, "porque jamais uma profecia foi proferida pela produção da vontade humana, mas homens inspirados pelo Espírito Santo falaram da parte de Deus (*hypò pnéumatos hagíou pherámenoi*, na tradução latina: "*piritu Sancto inspirati*). Mas também em outros lugares atesta a Bíblia a origem divina, ao menos do Antigo Testamento, como provam os nomes e os títulos, acima citados na primeira parte, bem como a autoridade que Jesus e os apóstolos lhes atribuíram. É verdade que são raras as passagens onde se fala expressamente que um livro, ou certa parte do mesmo, tenha sido escrito por ordem imediata de Deus, como por exemplo em Êx 17, 14; Is 30, 8; Jer 30, 2; 36, 2; Hab 2, 2. Unicamente, os mandamentos, dados por Deus a Moisés em tábuas de pedra, foram escritos por Deus mesmo, segundo o modo de se exprimir do Livro do Êxodo (Êx 24, 12; 34, 1). No mais, a ordem de escrever dada a uma pessoa humana. Jesus cita (Mc 12, 36 uma palavra do salmo 110 (109), 1, dizendo que era uma palavra de David, que este proferira, "inspirado pelo Espírito Santo". Os apóstolos, por sua vez, declaram que o Espírito Santo falara através dos escritores do Antigo Testamento (At 1, 16; 28, 25s; Heb 3, 7, etc.).

Entre os livros do Novo Testamento, somente o Apocalipse deve sua origem a uma ordem expressa de Deus (Apoc 1, 11-19). É digno de menção o fato de que em 1 Tim 5, 18 é citada, conjuntamente, uma palavra de Dt 25, 4 com outra palavra conhecida de Jesus (Lc 10, 7) com a mesma fórmula: "pois diz a Escritura". Também já mencionamos que São Pedro (2 Ped 3, 15s) se refere à carta de São Paulo juntamente com os "demais escritos", isto é, evidentemente o Antigo Testamento.

Os antigos escritores eclesiásticos, depois da época apostólica, afirmam unanimemente, quanto ao essencial, a autoria divina dos livros do Antigo Testamento e do Novo, embora usem terminologia diferente. Basta aduzir algumas testemunhas: Inácio de Antioquia (m. 110), Justino (m. 165), Teófilo de Antioquia (m. depois de 180) e Gregório de Nissa (m. 394) afirmam que os escritores bíblicos ou seus livros são "repletos do Espírito Santo", ou "inspirados", respectivamente, "insuflados". Desde o século IV empregam o termo *auctor*, referente a Deus, para dizer que Ele é o autor principal da Escritura. Assim falam Agostinho e Ambrósio do "autor" da Bíblia. E os "Antigos Estatutos da Igreja" do século V ou VI prescrevem que o candidato ao episcopado deve ser perguntado "se ele acredita num e mesmo Autor e Deus do Novo e do Antigo Testamento, isto é, da Lei, dos Profetas e (dos Escritos) dos Apóstolos" (EB 30). De acordo com os Padres da Igreja Oriental Deus "falou" a Sagrada Escritura (Eusébio, Ireneu, Cirilo de Alexandria) ou "insuflou" a mesma (João Crisóstomo). Em sentido análogo usam os Padres Latinos o termo *dictare*, por exemplo, Agostinho, Jerônimo e Gregório Magno; essa expressão nos deverá ocupar ainda mais tarde. O Concílio do Vaticano apenas formulou em conceitos teológicos aquilo que a Igreja sempre acreditara desde os tempos apostólicos. Leão XIII, na sua encíclica *Providentissimus Deus*, de 18 de novembro de 1893, explicou mais de perto os termos "autoria divina" e "inspiração", dizendo:

> "Ele (Deus), com força sobrenatural, os (aos hagiógrafos) incitou, moveu, e lhes assistiu de tal maneira na compilação que eles escreveram tudo, e somente aquilo, que Ele lhes ordenou. E que, retamente, o compreenderam em seu espírito que fielmente o queriam escrever e que, de maneira apropriada, o

> exprimiram com verdade infalível. De outra forma, Ele não seria o autor de toda a Sagrada Escritura" (EB 125).

As encíclicas papais, *Pascendi* de Pio X (1907), *Spiritus Paraclitus* de Bento XV (1926) e *Divino afflante Spiritu* de Pio XII (1943) expressam mais detalhadamente a doutrina da Igreja e tiraram as conclusões relacionadas com as questões da exegese moderna.

CAPÍTULO III

AUTOR DIVINO E ESCRITOR HUMANO

Ainda que a Igreja considere a Deus como o autor propriamente dito da Sagrada Escritura, podemos chamar com justiça de "escritor ou autor" aquelas pessoas, que em vários tempos e em circunstâncias diferentes, escreveram as diversas partes da Bíblia. Convém notar que aqui empregamos a palavra *autor* ou *escritor*, em sentido mais amplo do que de costume, pois pode significar também o colecionador, o "redator", ou compilador de um livro, que antes já existia, mas em partes independentes. Os teólogos chamam ao autor humano de "hagiógrafo", expressão ambígua, porque também se refere aos assim chamados livros "poéticos" ou "doutrinários".

Tanto os judeus ortodoxos, como os cristãos, sempre sabiam que a Bíblia constava de livros que, à semelhança de outras obras literárias, foram escritos por homens. Os hagiógrafos escrevem freqüentemente de tal maneira que dão a impressão de ignorarem estar sob a influência do Espírito Santo. Assim, por exemplo, quando São Paulo escreve a seu discípulo Timóteo pedindo que lhe trouxesse para Roma a capa esquecida em Troas, os livros e o material para escrever (2 Tim 4, 13), dificilmente terá pensado estar sob a influência do Espírito Santo. Não sabemos os nomes de todos os escritores ou redatores dos livros do Novo Testamento, muito menos os do Antigo. Não há dúvida, porém, de que todos pensavam em um escritor de carne e osso, quando ainda erradamente, atribuíram este ou aquele livro a Salomão, como por exemplo o Cântico dos Cânticos ou o Eclesiastes. As epístolas do Novo Testamento indicam, geralmente, o remetente e a pessoa a que foram dirigidas; terminam também, como nossas cartas, com uma saudação. São Lucas e o autor do 2° livro dos Macabeus expõem as razões que os induziram a escrever (Lc 1, 1-4; 2 Mac 2, 19-32). A Igreja, por isso, nunca negou que a Bíblia seja também obra humana; repeliu, sim, exageros rigoristas, e jamais adotou a opinião segundo a qual o escritor humano fosse mero instrumento passivo nas mãos de

Deus e que tivesse copiado mecanicamente as palavras ditadas pelo Espírito Santo. Os Padres da Igreja não tomaram a palavra *dictare* no sentido tão restrito do nosso "ditar", mas entenderam-na como "insinuar", "incitar", "colocar na boca", etc. Talvez a ambigüidade desta expressão tenha levado os antigos, protestantes e o próprio Lutero a entenderem-na de maneira tão mecânica.

Cada autor humano imprimia ao livro também seu cunho peculiar, espiritual, estilístico e lingüístico. Um, como o autor da história de David, criou uma obra literária de primeira categoria, outro escreveu numa linguagem menos escorreita, menos fluente, até com frases, truncadas, como, às vezes, notamos em São Paulo ou no profeta Ezequiel. Certas passagens como a história de Abraão no livro do Gênesis ou o relato de São Paulo acerca de sua viagem marítima nos Atos dos Apóstolos, são bem vivas e interessantes; outras como as listas genealógicas no Pentateuco e no 1° Livro das Crônicas ou o salmo 119 (118) são esquemáticas, formalistas e sem muito interesse. Podemos, pois, aplicar também à Bíblia critérios artísticos e literários, como em qualquer outra obra literária. Surge, então, a de que modo colaboraram o autor divino e o autor humano na confecção dá Bíblia ?

Nos primitivos tempos do cristianismo pouco indagou-se a esse respeito. Somente, Santo Agostinho (m. 430) começou a estudar melhor esta questão, levado mormente pelo confronto dos três primeiros evangelhos com o último. Percebeu ele como os quatro evangelistas dirigiam freqüentemente, embora narrassem todos a vida e a pregação de Jesus. As próprias palavras do Senhor são relatadas, às vezes, com algumas diferenças no conteúdo. O grande doutor da Igreja explicou esta divergência, achando que o Espírito Santo movera cada evangelista a escrever, orientando-o nisso constantemente, mas deixando-lhe a liberdade de ordenar o assunto desta ou daquela maneira. Dessa forma o evangelista não contava as coisas divinas tais como são, mas como as podia contar. "Ouso dizer, talvez nem João dissesse como é, mas também ele, apenas assim como podia, porque falou de Deus, inspirado por Deus, mas falou como homem". Segundo a opinião de Santo Agostinho, usa a inspiração divina a memória humana e as faculdades literárias para a execução de seus fins, não as violentando, porém.

Desde os tempos, de São Jerônimo (m. 420) costumam os teólogos descrever a relação existente entre Deus e o homem com respeito aos Livros Sagrados, como sendo a de um artífice para com o instrumento. Como um bom artista, usando ferramentas deficientes, produz obra imperfeita, ou, usando vários instrumentos diferentes, pode representar a mesma idéia de maneira diversa, da mesma forma representa Deus as coisas divinas que quer revelar aos homens, usando causas humanas secundárias, de maneira análoga e diferente, conforme as qualidades do autor humano.

O pensamento de Santo Tomás, apresentando na Suma Teológica II/II, q. 171, a. 74, sobre a inspiração profética, foi aplicado pelos teólogos também para explicar a atuação combinada do fator e do elemento humano na confecção da Bíblia. De acordo com o Pe. A. Bea S.J., podemos resumir isto brevemente, assim: A inspiração é um dom particular da graça, pelo qual Deus utiliza um escritor humano como instrumento, para fixar por escrito, sem erro, aquilo que Ele queria revelar, ou aquilo que o escritor já podia saber por própria experiência, ou por conhecimentos próprios e alheios, mas que agora iluminado pela graça, reconheceu firmemente como verdadeiro.[5]

Com isso já está expresso que a comparação com o instrumento não se deve entender de maneira mecânica. O escritor humano é para Deus um instrumento singular, isto é, um instrumento pessoal, um ser humano que continua gozando de suas faculdades espirituais e de sua vontade. Por isso, talvez seja preferível recorrer novamente àquela comparação, já encontrada em São Jerônimo, depois em Santo Agostinho, Gregório Magno e outros Padres da Igreja, a saber, ao termo "ditar", contanto que se tome a expressão latina *dictare* em sentido amplo qual seja "dar a um secretário instruções precisas para escrever algum documento".

O Papa Bento XV, na encíclica *Spiritus Paraclitus*, resumiu acertadamente os pensamentos de São Jerônimo da seguinte forma:

> "Ele afirma, sem rodeios, que os livros da Sagrada Escritura foram escritos sob a inspiração, a insuflação, sob a sugestão ou também sob o ditado do Espírito Santo (*Spiritu Sancto inspirante vel suggerente vel insinuante vel etiam dictante*), diz que foram até escritos e editados pelo mesmo Espírito. Não obstante isso, não duvida que cada escritor individualmente, segundo sua índole e sua ciência, tenha emprestado seus talentos ao Deus, que o inspirava. Não afirma apenas de maneira geral o que já fizeram comumente os sacros escritores, que ao escreverem tenham seguido o Espírito Divino, de modo

5 A. Bea, *De inspiratione et inerrantia Sacrae Scripture*, Roma, 1947, p. 32.

> que Deus deva ser considerado como causa primária de cada pensamento e de todas as frases da Escritura, mas ele considera também aquilo que é peculiar a cada um deles. Pois ele demonstra como usaram suas faculdades e suas forças próprias na disposição do assunto, na linguagem; no modo e na maneira de falarem; assim pode ele reunir e descrever os diversos traços peculiares e característicos, mormente dos profetas e do Apóstolo Paulo" (EB 448).

Cada comparação "claudica" e apresenta apenas uma ou outra faceta do assunto a ser explicado. Ainda assim seja permitido recorrer à seguinte comparação, tirada da vida comercial moderna, para explicar a colaboração de Deus e do autor humano, quando se tratava de fixar por escrito as palavras reveladas na Sagrada Escritura. Vejamos: Um chefe de escritório tem que escrever um longo e circunstanciado relatório. Ele não o ditará palavra por palavra à sua secretária, mas deixará a elaboração ao encargo de chefes de seção experimentados e especializados nas diversas questões. A esses ele dá informações precisas sobre a elaboração do tema que a cada um compete. Ele deixará em parte a eles o encargo de formular o conteúdo, restringindo-se a controlar e coordenar o andamento do trabalho. Assim os diversos especialistas, chefes de seção, talvez nem tenham conhecimento do conjunto, apenas se entregam à elaboração de seu tema especializado. Somente depois de as diversas partes serem reunidas e aprontadas é que se compreenderá o significado do trabalho conjunto, sendo, pois, bem possível que nas diversas partes se note ainda o estilo e a maneira de expressão dos diversos colaboradores. De modo análogo podemos considerar a Bíblia como uma carta, escrita por Deus aos homens, usando para tanto muitos secretários. A cada um indicou a sua parte, considerando as faculdades individuais. A cada um deu instruções precisas, controlando seu trabalho, deixando todavia a cada um a liberdade no uso das formas literárias. É certo que devemos considerar a relação existente entre Deus e o hagiógrafo mais íntima e também mais complicada do que essa entre o chefe de escritório e seus colaboradores. Pois Deus conhece de antemão o homem perfeitamente e o perscruta, podendo assim considerar logo suas aptidões e seu caráter ao encarregá-lo de escrever. Depois pode Deus compenetrar tão intimamente o espírito humano e dirigi-lo, de tal forma, que o autor humano nem percebe a influência divina.

Mas afinal ficará imperfeita toda tentativa de explicar a origem da Sagrada Escritura, pois a inspiração é um fato sobrenatural e, como tal, um mistério, que Deus deve revelar e tornar conhecido por meio da Igreja. Do contrário o homem nem saberia do fato da inspiração.

Já agora podemos adiantar que os teólogos dos próximos decênios discutirão o problema da inspiração e da autoria divino-humana da Escritura sob pontos de vista bem novos. Até agora, ao tratarem os teólogos da inspiração e de temas correlacionados, sempre o fizeram, mais ou menos, sob a hipótese, de que os livros da Bíblia, à maneira dos Livros modernos, fossem esboçados de uma só vez e em seguida passados ao papel. Agora, mais e mais, nos convencemos que não podemos aplicar essas nossas idéias sobre a origem de um livro a uma grande parte da Bíblia, mormente do Antigo Testamento, mas que muitos destes livros tiveram um processo evolutivo muito longo, existindo no começo apenas certas passagens em forma de tradição oral, de modo que a fixação escrita representa um detalhe secundário para a elaboração e idealização do conjunto, isto é, é apenas a última fase e a fixação definitiva de um longo processo de tradição. Muitos exegetas modernos explicam deste modo, por exemplo, o feitio atual do Pentateuco e da maioria dos livros proféticos. Podemos, pois, perguntar seriamente se somente o ato de escrever ao qual nós devemos a forma atual do livro esteve sob a influência do Espírito Santo. Ou será que todo o processo de tradição, quer oral, quer, em parte ao menos, escrita, isto é, todo o processo de cristalização, no qual se formou aos poucos uma unidade, eliminando elementos antigos e assumindo material novo, esteve também sob a influência divina? O método de considerar a Bíblia sob o ponto de vista da tradição histórica é ainda recente e as questões surgidas ainda estão evoluindo, não se podendo dizer algo de definitivo. É certo, a Igreja nada terá a temer destas pesquisas e a doutrina sobre a inspiração da Bíblia conservará seu pleno valor. Pois, não há dúvida, a Bíblia na forma atual, isto é, na forma de um livro, foi inspirada. Mas talvez ganhe maior importância o tratado de Santo Tomás na *Summa Teológica*, II/II, q. 171, a. 74 *De prophetia.* Ele considerou a profecia principalmente como pregação oral. Assim o processo histórico da tradição, também da tradição oral, que levou a compilação escrita dos livros bíblicos, pode ser considerado como processo profético, tendo especial orientação por parte de Deus.

Em vista do atual estado da questão poderíamos descrever a relação mútua entre Deus e o homem, referente à origem da Bíblia, da seguinte maneira: A inspiração é a influência direta, sobrenatural e gratuita do Espírito Santo sobre a confecção dos livros bíblicos, fazendo que certos homens, resguardada sua liberdade em escolher o assunto e os meios de expressão, escrevessem aquilo que Ele queria fixar por escrito e o escreveram sem erro e da maneira que Ele achou melhor.

Deste conceito sobre a inspiração, que corresponde à doutrina da Igreja, decorrem certas conseqüências que vamos considerar nos capítulos seguintes.

CAPÍTULO IV

A BÍBLIA COMO DOCUMENTO DA REVELAÇÃO E COMO OBRA LITERÁRIA

Se Deus é o autor principal da Bíblia, então constitui ela um documento de revelação, isto é, um livro no qual Deus se revela ao homem. A Bíblia não é a revelação, mas contém a revelação. É o vaso, ou se o quiserem, o invólucro externo que contém a revelação e no-la torna acessível. Se Deus queria revelar-se ao homem, então devia adaptar-se ao modo humano de perceber as coisas. Santo Tomás de Aquino diz: "Na Sagrada Escritura as coisas divinas nos são propostas daquela maneira como os homens costumam dizê-las". Pio XI, na sua encíclica sobre a Sagrada Escritura, compara a Bíblia com a encarnação do Verbo na pessoa de Jesus Cristo:

> "Assim como o Verbo substancial de Deus em tudo se assemelhou aos homens, exceto no pecado, da mesma forma tornam-se as palavras divinas, proferidas por línguas humanas, em tudo semelhantes ao modo humano de falar, exceto no erro" (EB 559).

Desde os tempos de S. João Crisóstomo fala-se, por isso, de uma *sinkatábasis*, isto é, de uma descida: de Deus do alto, ou também do "princípio da encarnação" da Escritura, o que talvez poderíamos interpretar como "a palavra de Deus encarnada ou apresentada em forma de livro".

Jesus Cristo, o filho de Deus, tornou-se homem em determinado momento da história, dentro de um povo bem conhecido com sua estrutura política. E assim entrou na história para tornar como que palpável aos homens de todos os tempos e de todas as raças o amor e a vontade salvífica de Deus. De modo semelhante fez Deus escrever a sua palavra em certas épocas da evolução histórica e cultural, por homens de um povo determinado, em forma literária, lingüística e bibliográfica, acessível, no princípio, somente aos conterrâneos e contemporâneos, para demonstrar cabalmente a todos os homens a sua revelação. O fato de Deus se ter servido de escritores, redatores e colecionadores humanos para este fim torna este documento da revelação também uma obra literária, ou respectivamente até uma coleção de obras literárias.

Como em qualquer outro livro, assim também acontece na Bíblia, que o sentido intencionado pelo autor não é capturado por uma receptividade passiva, pela simples leitura ou audição, mas requer, ao menos, um mínimo de esforço do próprio leitor; pois este deverá atender ao contexto total e procurar compreender a linguagem mais ou menos figurada, que traduz sempre, imperfeitamente, os pensamentos do autor. Se esta atividade por parte do leitor não se realizar ou se orientar em direção errada, o respectivo livro não será compreendido ou até mal interpretado. Com maioria de razão aplica-se isso à Bíblia, porque o leitor de hoje acha-se separado por milênios daquela situação peculiar em que fora escrita a palavra de Deus.

Se quisermos entrar em cheio no sentido que a palavra de Deus tem na Bíblia, não bastará ler frase após frase, sem atender ao contexto, e tomá-la como revelação. É mister atender ao contexto. Um exemplo conhecido elucidará isto: Qualquer um, hoje em dia, acha-se com o direito de argumentar contra o serviço militar obrigatório e contra a pena de morte para criminosos, apoiando-se na Bíblia pelo quinto mandamento. Separando, porém, do conjunto o texto do mandamento, traduzido inexatamente para o vernáculo, ele não percebe que aqui não se fala do matar na guerra ou da execução de um sentenciado. Também não se percebe que, em outras passagens dos mesmos livros de Moisés, contêm o quinto mandamento, se exige expressamente a luta contra os inimigos do povo e a execução de réus de certos delitos. Delitos esses que hoje ninguém consideraria como dignos de morte, tais como adultério, revolta contra os pais e apostasia de Deus. Quem quiser haurir seus "conhecimentos religiosos" apenas de frases isoladas cairá no perigo da heresia; de fato, toda a heresia podia referir-se a alguma passagem bíblica.

Por ser a Bíblia uma obra literária e uma coleção de documentos históricos, cujo sentido humano, e ainda mais o divino, nem sempre é óbvio e claro para o homem moderno, mister se faz um trabalho científico para sua interpretação. A ciência à qual incumbe a tarefa de procurar o sentido exato da Bíblia, chamamos de ciência bíblica ou exegese; essa, por sua vez, é subdividida em muitos ramos especializados e ciências auxiliares. O simples leitor da Bíblia é beneficiado por esse trabalho pelas traduções, pelas anotações prescritas nas edições em vernáculo, pelos comentários e pelos livros de introdução, escritos de acordo com o atual estado de pesquisas científicas. Tudo isso, porém, não quer dizer que não lhe reste também algum esforço pessoal a fazer.

Entretanto o estudo humano, embora orientado por cientistas e sábios, sempre permanece imperfeito e exposto ao perigo de errar. Eis por que Deus criou uma instituição, o Magistério Eclesiástico, capaz de interpretar autenticamente a Sagrada Escritura, enquanto isso se tornar necessário para a salvação dos homens. Se Deus realmente quer falar aos homens mediante um livro e sem comprometer irremediavelmente a palavra revelada pelos mal-entendidos e pelo erro, então tal instituição se torna quase necessária. Pois a Bíblia e seu conteúdo sempre de novo devem ser traduzidos de acordo com a linguagem e a mentalidade de cada época, adaptando-os aos homens da atualidade. Esta interpretação da palavra de Deus e a sua aplicação concreta constitui a tarefa do Magistério Ordinário da Igreja. Esta recebeu de Jesus o mesmo Espírito Santo que inspirou os escritores bíblicos, e assim se acha capaz de esclarecer sem erro o sentido genuíno da palavra revelada nas Escrituras, propondo-o aos homens, se for necessário, até por declarações dogmáticas. Na realidade, cada definição de um dogma não é outra coisa senão um desabrochar e uma declaração autêntica da revelação contida na Sagrada Escritura.

Hoje em dia discute-se muito nos meios teológicos sobre a redação existente entre a Bíblia e a tradição eclesiástica. Não podemos entrar em detalhes aqui. Contudo, já Santo Tomás de Aquino, na *Summa Theologica* (I, q. 36, a. 2 a. 1) considera a Escritura e a Tradição como unidade, como fonte única de nossa fé. "Nada podemos dizer de Deus, que não possamos achar na Escritura, seja literalmente, seja pelo sentido". O decreto do Concílio de Trento, relativo às fontes da fé, distingue, é verdade, entre Escritura e tradição oral, porém considera ambos como fonte da mesma doutrina dogmática e moral:

> "O que antes foi prometido pelos profetas nos Sagrados Livros, (do Antigo Testamento), o que Nosso Senhor Jesus Cristo, Filho de Deus, por sua boca ensinou primeiro e depois mandou pregar por seus apóstolos a toda criatura como fonte de toda a verdade salvífica e de doutrina moral — esta verdade e doutrina está contida nos livros escritos (da Bíblia) e nas tradições não escritas. Estas vieram a nós, depois de recebidas

> pelos apóstolos da boca de Cristo ou então, sob a inspiração do Espírito Santo, passando, por assim dizer, de mão em mão" (EB 57).

Escritura e Tradição são conceitos correlativos. Devemos à Tradição a origem, a conservação e a coleção dos escritos canônicos, e a Escritura, por sua vez, é uma raiz da qual brota e desabrocha a tradição ulterior, a doutrina da Igreja.

CAPÍTULO V

A BÍBLIA, LIVRO QUE EXIGE FÉ E PROVOCA CRÍTICAS

Sendo a Bíblia documento de revelação, exige fé. Isto supõe que suas afirmações sejam infalíveis e sem erro e que não haja contradição entre elas.

Ainda que o fato de a Bíblia não errar não seja um dogma formal, contudo fala com razão a Pontifícia Comissão Bíblica, numa declaração de 18-6-1915, de um dogma católico da inspiração e da infalibilidade da Sagrada Escritura (EB 420); pois o magistério ordinário e universal da Igreja, desde sempre, defendeu a opinião de que os livros bíblicos continham a verdade infalivelmente.

O papa Clemente VI, em 29 de setembro de 1351 exige, por isso, dos armênios a fé "de que o Novo e Antigo Testamentos, em todos os seus livros, que nos foram entregues pela autoridade da Igreja Romana, contém, indubitavelmente, a verdade em tudo" (EB 46). Leão XIII, na sua encíclica *Providentissimus Deus*, diz o seguinte:

> "Tão longe está a possibilidade de a inspiração divina incorrer em erro, que ela não apenas exclui qualquer erro, mas o exclui e rejeita tão necessariamente, quão necessário é que Deus, a suprema verdade, não possa ser autor de erro algum. Esta é a antiga e constante crença da Igreja. Por isso os que julgam possível encontrar-se algo de falso em passagens autênticas da Escritura, ou invertem o conceito católico da inspiração, ou declaram a Deus como autor de erro" (EB 124 e 125).

A isenção de erro não se extenderá, pois, apenas às doutrinas próprias da fé e da moral, como M. de Hulst e F. Girard opinaram pelo começo do nosso século, mas deverá abranger tudo aquilo que o autor de um livro bíblico queria testemunhar e declarar, segundo afirmam expressamente Bento XV na encíclica *Spiritus Paraclitus* (EB 454) e a Comissão Bíblica aos 18-6-1915 (EB 420). Nisso está justamente o problema, pois "aquilo que o autor queria testemunhar e declarar" só o sabemos com certa dificuldade, como demonstramos no capítulo precedente. Sendo a Bíblia também obra humana, ela participa das obscuridades e ambigüidades da linguagem humana e provoca, deste modo, a crítica do homem que pensa e a quem Deus deu a faculdade de raciocinar.

Diversos fatos históricos e científicos parecem opor-se à fé na infalibilidade da Bíblia. Assim, por exemplo, não combina com nossos conhecimentos científicos a descrição sobre a evolução do mundo, feita no Gn 1-3 e indiretamente feita em outras passagens; Lv 11, 6 e Dt 14, 7 classificam o coelho entre os ruminantes; os relatos, feitos nos livros de Daniel e Judite, parecem não concordar com as fontes históricas. Poderíamos ainda aduzir muitos exemplos desses. Entre os próprios livros, bíblicos parece haver afirmações contraditórias, como por exemplo, sobre a origem da monarquia em Israel nos c. 8-12 do primeiro Livro de Samuel, ou na fixação das datas nas narrações da Paixão e da última Ceia.

O homem moderno, em seu senso crítico, levantará aí certas perguntas; procurará saber se aquilo que a Bíblia relata corresponde de fato à realidade. Antes, porém, de afirmar que o autor está errado ou não, é necessário indagar como é que ele entendeu sua afirmação. Pois nem tudo o que ele diz, ele o diz à maneira de um julgamento autêntico. Pode simplesmente usar conceitos comuns à época e locuções corriqueiras, como por exemplo "firmamento", ou falar do "levantar e do pôr do sol" ou do coelho que ruminava, sem querer dar com isso uma declaração científica sobre a essência das coisas; o mesmo fazemos também nós no falar cotidiano. Podemos, pois, encontrar na Bíblia, como também em qualquer obra poética moderna, expressões poéticas, comparações ousadas e até narrações fictícias que não devem ser interpretadas literalmente ou como fatos históricos. Assim não se duvida que todo o diálogo no Livro de Jó seja livremente elaborado pelo poeta e que, nesta forma, nunca se realizou historicamente. O autor de um livro bíblico pode comunicar testemunhos de outros, ou afirmações e material histórico colecionados por outros, sem querer dar garantia por cada afirmação em particular. Considerando aquilo que ouvimos sobre a história da Bíblia, principalmente no tempo do exílio e imediatamente depois, podemos supor, com razão, que certos colecionadores, no intento de salvar a maior parte das tradições antigas, não se inquietaram com certos equívocos e contradições. Desta forma poderíamos compreender, por exemplo, as contradições nos relatos sobre a origem do reinado de Israel, como também a passagem de 1 Sam 17, onde se afirma ter o jovem David matado a Golias, enquanto segundo 2 Sam 21, 19 (no texto original hebraico) se atribui esta façanha a um certo Elcanan.

Impõe-se, portanto, um exame criterioso para saber qual a intenção do autor bíblico, se queria escrever uma obra histórica ou compor uma obra doutrinária ou poética, usando os meios de expressão da época, ou se queria apenas colecionar tradições antigas. Disso depende o juízo que devemos fazer do escrito. Com outras palavras, devemos conhecer o gênero literário, ou como dizem os exegetas católicos, a espécie dos gêneros literários, empregada na Bíblia. Só assim podemos julgar sobre o valor e veracidade das diversas afirmações.

Além disso deve constar a integridade do texto e a autenticidade da passagem a ser estudada cientificamente. Todas essas questões são esclarecidas pela assim chamada ciência crítica da Bíblia, que é subdividida em crítica do texto, crítica literária e crítica da tradição. É natural que também a ciência histórica se ocupe em questões bíblicas.

Houve e ainda há hoje em dia certos fanáticos religiosos que consideram toda atitude crítica perante a Bíblia como blasfêmia ou, ao menos, como falta de respeito diante da palavra de Deus. Afirmam tomar a sério cada frase da Bíblia e querem explicá-la "espiritualmente", segundo o exemplo dos Santos Padres. A estes dirige o próprio Papa Pio XII, na sua encíclica *Divino afflante Spiritu*, estas palavras dignas de nota:

> "Não poucas questões, mormente de caráter histórico, foram pouco consideradas, ou de maneira insuficiente, pelos expositores dos séculos passados. Pois faltaram-lhes os conhecimentos necessários para um estudo mais acurado destes assuntos. Por isso afirmam, sem razão, certas pessoas, que não conhecem a situação da ciência bíblica, ter o exegeta católico nada mais a acrescentar àquilo que a antiguidade cristã nos legou. Ao contrário, muito progrediu nosso tempo, de modo que se tornam necessárias novas pesquisas e novos exames. Se o nosso tempo levanta novas perguntas e novas dificuldades, ele oferece também, graças a Deus, novos auxílios valiosos à exegese. Deve, pois, o exegeta indagar, cuidadosamente, sem preterir nenhum dos conhecimentos, trazidos pelas recentes pesquisas, qual a índole e o modo de vida do autor bíblico,

> em que tempo viveu, quais as fontes, orais ou escritas, por ele usadas, e que gênero literário emprega. Deste modo reconhecerá melhor quem foi o autor e qual a intenção dele ao escrever sua obra. O exegeta deverá voltar, em espírito, àqueles remotos tempos do Oriente para determinar exatamente, com o auxílio da ciência histórica, da arqueologia, da etnologia e de outras ciências, quais os gêneros literários que os escritores daqueles tempos queriam empregar e de fato empregaram" (EB 555-59).

A Pontifícia Comissão Bíblica, numa Instrução para os professores de exegese dos institutos eclesiásticos, do dia 13 de maio de 1950, exprime sua esperança de que um tal estudo crítico da Bíblia possa trazer os melhores frutos e levar a uma sempre melhor compreensão da Sagrada Escritura (EB 595).

CAPÍTULO VI

A UNIDADE E AS ESTRUTURAS BÍBLIA

Sendo a Bíblia a palavra de Deus e um documento de revelação, é necessário que os diversos livros, oriundos de diferentes épocas, formem uma unidade. E isso não apenas porque a literatura de um povo ou de uma época tem algumas características comuns, podendo ser reunida sob um título comum, como "literatura alemã", ou "poesia do barroco"; também não se trata de uma unidade tal que os diversos livros apenas não se contradigam. Trata-se, sim, de uma unidade como nas partes de uma trilogia ou nas cenas de um drama que em conjunto exprimem o que o autor tenciona dizer. A Bíblia deve, pois, possuir certas idéias dominantes e pensamentos evolutivos, de tal forma que nos sintamos impelidos a considerar tudo como uma carta extensa, endereçada por Deus à humanidade.

Tal unidade de fato existe. Quem ler a Bíblia, com fé e atenção, perceberá a economia da salvação, o pensamento da promessa, que das primeiras páginas evolui até o Apocalipse, a paulatina manifestação que Deus faz de si mesmo, o desenvolver progressivo da revelação. A promessa da salvação, feita por Deus aos homens, domina toda a Sagrada Escritura e ela está inseparavelmente ligada ao Verbo encarnado. Por isto, desde sempre, considerou a cristandade a Bíblia um testemunho de Cristo, um apelo à fé em Cristo. A unidade interna da Bíblia, de que a Igreja está convencida, recebeu a seguinte formulação: "O Antigo Testamento aponta para Cristo que virá e o Novo aponta o Cristo que já veio", ou "*Novum Testamentum in Vetere latet, Vetus in Novo patet*", isto é: "O Novo Testamento está latente no Antigo, e o Antigo chega a patentear-se no Novo". Tanto assim que o Antigo Testamento não apenas explica a razão de ser do Novo, mas, por sua vez, não pode o Novo Testamento ser compreendido sem o Antigo. Daí diz um antigo e bem ajuizado axioma da exegese: A Bíblia deve ser explicada pela Bíblia. Os teólogos falam da "analogia fidei", isto é, das relações que os diversos livros bíblicos tem com a fé única e verdadeira. Querem dizer com isto que as respectivas passagens bíblicas não devem ser tornadas isoladamente, como fazem os hereges, mas que as verdades da revelação sejam interpretadas dentro do conjunto da evolução da revelação, tal como é delineada nos livros bíblicos.

Esta unidade interna da Bíblia é infelizmente prejudicada pela multiplicidade de estruturas e de camadas, pois os diferentes livros provêm de épocas bem diversas. Podemos, por isso, constatar na Bíblia evoluções, concernentes à história da cultura e das religiões. Onde há evolução, haverá também fatores dependentes da época, realizando-se neste conjunto o conteúdo decisivo da palavra revelada. Isso convém notar, se quisermos que a Bíblia nos fale a nós.

Deus fala diversamente ao povo nômade ou seminômade do tempo dos patriarcas e da peregrinação pelo deserto e aos camponeses e cidadãos de mais tarde, residentes na Palestina. O testemunho que São Tiago dá de Cristo, perante os cristãos de Jerusalém, provenientes do judaísmo, difere do testemunho de Marcos, perante o proletariado da Metrópole. Outro é também o testemunho de Paulo, nas suas cartas, escritas entre os anos 50 e 66, outro o que João nos deu no fim do I século cristão. As promessas, feitas aos bons, têm caráter diferente, conforme as épocas. No tempo dos patriarcas se referem à grande descendência e numerosos rebanhos. No tempo da monarquia, a colheitas abundantes e presas de guerra. No exibo babilônico, ao retorno e ao esplendor litúrgico do templo. No tempo do helenismo, à sobrevivência da alma. No tempo de Cristo, à ressurreição e ao banquete celestial. Na aparência são coisas diferentes. Entretanto, no fundo, é o mesmo Deus com sua vontade salvífica e sua poderosa ação salvadora, que conferem ao homem a futura salvação, sendo os diversos bens prometidos, pálidas e imperfeitas imagens dessa futura glória.

O leitor da Bíblia não deverá, pois, desistir da leitura, se na primeira vez, não chega logo a descobrir nas diversas partes da Bíblia as grandes relações, o caráter messiânico, as referências a Cristo. Deverá confiar, no começo, nas anotações dos especialistas, que se encontram abundantemente nas edições católicas, bem como na doutrina da Igreja. De resto se esforçará por penetrar sempre melhor na Bíblia. Muita coisa só compreenderíamos após leitura assídua, mormente se atendermos às passagens bíblicas, paralelas, indicadas na maior parte das edições.

PARTE IV

O TEXTO DA BÍBLIA

De nenhum livro bíblico possuímos o original, tal como saiu das mãos do autor; apenas temos cópias mais ou menos exatas. Podemos então levantar a pergunta se temos ou não alguma segurança sobre a forma original de um livro bíblico. Só podemos reconhecer a Sagrada Escritura atual, como "santa" e "canônica", se nos constar com certa segurança o texto original através das cópias e das traduções. Isto significa que o texto, por nós conhecido, deve ser, no essencial, íntegro e autêntico. Quanto mais recentes os tempos em que fora escrito o original, o autógrafo, que se perdeu, e quanto mais recentes as cópias e traduções, tanto mais difícil se torna demonstrar a integridade do texto, ou respectivamente, descobrir as deformações involuntárias ou voluntárias e suas causas. Os críticos dos textos e os pesquisadores da história do texto bíblico procurarão encontrar documentos mais antigos para descobrir o texto autêntico. Tais documentos são: os manuscritos, que são cópias do original ou de outros manuscritos mais antigos ainda, as traduções antigas do texto original e as citações de textos bíblicos em outros escritos da antiguidade, máxime nas obras de escritores judaicos ou dos Padres da Igreja. Raras vezes, e somente em relação a determinadas passagens bíblicas, podemos conseguir certos esclarecimentos pelas inscrições ou representações bíblicas na arte, por exemplo, as pinturas nas catacumbas e nas sinagogas, para saber como entendiam, então, determinada passagem da Bíblia. Antes de estudarmos mais de perto as testemunhas do texto, e, por meio delas, a história do texto bíblico, mister se faz dizer algo sobre as línguas e as formas grafológicas em que foram escritos os livros bíblicos, bem como sobre o material grafológico usado pelo autor e o copista.

CAPITULO I

AS LÍNGUAS BÍBLICAS

Ninguém poderá afirmar conhecer, a fundo, uma obra literária, se não consegue lê-la na língua original. Cada tradução ocasiona, necessariamente, certa deformação da obra ideada pelo autor, pois nunca acontece que duas línguas se correspondam tão bem, que baste transladar, palavra por palavra, de um idioma para o outro. Cada língua tem suas expressões, suas locuções figurativas, seus torneios de palavras, que são intraduzíveis. Por isso, nas traduções, sempre se perde algo daquele sentido, que o autor dera às palavras e, por conseguinte, é introduzido algo dos pensamentos pelo tradutor, alheio às idéias do autor. Isso já ocorre em nossas línguas modernas, aparentadas entre si; com mais razão ainda se aplica isto às línguas tão distantes das nossas, separadas por milênios, como são as línguas bíblicas. Por isso, cada versão da Bíblia constitui uma medida de emergência para a compreensão da Sagrada Escritura. Quão imperfeita seja, necessariamente, qualquer tradução, veja-se nos seguintes exemplos: Em Jer 1, 11ss temos um jogo de palavras, de difícil versão para o vernáculo; Jeremias viu um ramo de amendoeira (em hebraico *saquêd*) e teve ao mesmo tempo uma revelação divina. Deus disse-lhe: "Velo sobre minha palavra para que se cumpra". Para nós seria difícil descobrir alguma relação. Mas em hebraico "velar" ou "vigiar" é *saquad*. Por isso, na mente do profeta, *saquêd* se relaciona com *saquad*. Não podemos traduzir exatamente este jogo de palavras; talvez, imitar, mas não seria exatamente o que Jeremias intencionara dizer. De maneira semelhante, viu Amós uma cesta de frutas (*tenne qaiss*) e lhe foi revelado que o fim (*qess*) do povo estava para vir.

Uma vez que Deus manifestou a palavra da revelação em línguas a nós estranhas, importa que cada um que queira conhecer a palavra inspirada estude as respectivas línguas. É uma exigência indispensável, antes de mais nada, para o teólogo que quiser, com pesquisas científicas, aprofundar e esclarecer o conteúdo da revelação. Também o pregador e o catequista, que interpretam a palavra inspirada aos homens de nosso tempo, deveriam conhecer as línguas bíblicas. Pois, se eles não se reportarem ao texto original da Bíblia, correm, necessariamente, o perigo de pregar não a palavra de Deus, mas sim a sua própria sabedoria, ou a de teólogos célebres, cuja opinião eles seguem.

De muitos lados, até de teólogos e eclesiásticos de autoridade, ouve-se fazer a proposta inaceitável de abolir o estudo das línguas bíblicas, em especial do hebraico, nas faculdades teológicas e até nas universidades, ou então de restringi-lo aos candidatos interessados. Tais propostas, feitas até por parte de quem se julga de acordo com a Igreja, visando as precisões urgentes da cura d'almas, estão em oposição direta com o desejo da Igreja. Em uma Instrução da Comissão Bíblica de Roma, do dia 13 de maio de 1950, sobre os estudos bíblicos nas faculdades teológicas eclesiásticas, exige-se, expressamente, que "o estudo, embora árido, do hebraico e do grego" seja também cultivado "porque, do contrário, surge o perigo de que os clérigos, por ignorância das línguas, se mantenham longe dos textos originais inspirados. Assim nem poderiam compreender bem as recentes traduções, nem julgá-las com competência" (EB 595). em sua encíclica bíblica, apontou Pio XII os abundantes auxílios, hoje existentes, que facilitam tanto o estudo das línguas bíblicas, "de maneira que o intérprete da Bíblia não escaparia da pecha de superficial e negligente, se, pelo desleixo do estudo lingüístico, se barrasse o caminho dos textos originais" (EB 547).

É certo que o Papa, em primeira linha, se refere aos professores acadêmicos. Mas, há poucos anos atrás, um teólogo não católico, vivendo num país atrás da "cortina de ferro", e considerando a situação de lá, exigiu que hoje em dia cada catequista e pregador seja exegeta, explicador da Escritura, se é que ele mesmo quer compreender a palavra de Deus e interpretá-la aos homens de nosso tempo. Daí, torna-se o estudo das línguas bíblicas uma necessidade pastoral, não podendo ser eximido dele, de forma alguma, o futuro catequista e pregador, que freqüenta institutos teológicos. Muito ganharia com isso o movimento *Una Sancta*, pois as discussões teológicas com os adversários, em geral bem instruídos nas línguas bíblicas, só poderão ser feitas à base do texto original. Mesmo a propaganda exagerada das seitas poderia ser debelada com melhor resultado, se o pregador se pudesse referir ao texto original, visto que os sectários, quase sempre, se baseiam em passagens mal interpretadas das traduções bíblicas.

As línguas originais da Bíblia, porém, são o hebraico, o aramaico e o grego.

Todos os livros protocanônicos do Antigo Testamento foram escritos em língua hebraica. Mas dentro desses livros encontram-se, nas edições hebraicas, trechos, mais ou menos compridos, em língua aramaica. Veja-se em: Esd 4, 6-8, 18; 7, 12-26; Dan 2, 4-7, 28. Além disso, duas palavras em Gn 31, 47 e uma frase em Jer 10, 11.

Os livros deuterocanônicos e certos trechos do Antigo Testamento só eram conhecidos, até o começo de nosso século, em língua grega. O Livro da Sabedoria e os dois livros dos Macabeus foram escritos, com muita probabilidade, em grego, logo no original. Desde 1896 tornaram-se conhecidos 2/3 do texto original hebraico do Eclesiástico, e, há poucos anos, acharam nas grutas do lado ocidental do Mar Morto alguns fragmentos do Livro de Tobias, em língua hebraica e aramaica. Não podemos dizer, ainda, qual delas represente a língua original. São Jerônimo usou, para a versão latina, pelo ano de 410, algumas cópias aramaicas dos livros de Tobias, Judite, cópias essas que depois se perderam. Hoje em dia tem-se como certo que o Eclesiástico fora escrito em hebraico, enquanto que se discute sobre os livros de Judite, de Tobias, sobre o primeiro Livro dos Macabeus, de Baruc e sobre os trechos deuterocanônicos de Ester e Daniel, se foram escritos originariamente em hebraico, aramaico ou talvez em grego.

O Novo Testamento foi escrito, em geral, em língua grega.

Algumas dúvidas a este respeito só existem acerca do Evangelho de São Mateus, pois há antigas tradições que afirmam ter sido este Evangelho escrito em dialeto hebraico, isto é, provavelmente em dialeto aramaico, usado na Palestina no tempo de Jesus. Por outro lado, é o livro tão bem escrito em grego que dificilmente se tratará duma tradução.

Outras tentativas, por parte de alguns cientistas, para achar um original hebraico ou aramaico de outros livros do Novo Testamento, foram baldadas.

O hebraico pertence ao ramo das línguas semíticas. Estas eram faladas, na antiguidade, na maior parte da Ásia Anterior, com exceção da Ásia Menor e do atual país do Irã. Dentro deste ramo lingüístico, pertence o hebraico a um grupo do dialeto, chamado cananeu, propagado no litoral do Mediterrâneo da Síria, na Palestina e na Jordânia. Igualmente, fazem parte deste grupo de línguas o ugarítico, o fenício e o moabítico. Tanto a origem da língua hebraica, como o significado da palavra "hebreu" continuam desconhecidos. Os nomes "israelita" e "hebreu" talvez não coincidissem, ordinariamente; mais tarde, porém, já no período histórico, os dois nomes tornaram-se mais ou menos idênticos. Igualmente não sabemos se os israelitas trouxeram a língua hebraica para a Palestina, ou se apenas lá começaram a adotá-la, ou desenvolvê-la respectivamente. A Bíblia e os judeus chamam o hebraico de "língua de Canaã", ou "língua sagrada", ou "judaica". Nas páginas seguintes, o termo "Hebraico" sempre se refere à língua do Antigo Testamento, língua que é chamada de hebraico antigo, para distingui-lo da língua dos rabinos judeus, o hebraico médio, e do hebraico moderno, hoje em dia usado em Israel.

Além do Antigo Testamento existem poucos documentos literários hebraicos, anteriores ao exílio da Babilônia. Ao lado de alguns nomes em selos e fragmentos cerâmicos, temos o assim chamado calendário de Gezer, do X século a. C., algumas frases escritas em fragmentos de louças (Ostraka), provenientes da Samaria (VIII século) e de Lakisch (VI século), a inscrição de Siloá do século VIII e a inscrição de Mesdra (IX século), feita em dialeto moabítico, muito semelhante ao hebraico. Conforme 4 Rs 18, 26s era o hebraico, pelo ano 700 a. C., a única língua comum no reino de Judá, enquanto o aramaico era a língua da política internacional e do comércio, usada pelos funcionários do governo. Após o exílio babilônico, tornou-se o aramaico paulatinamente a língua mais usada entre os judeus, não só na Babilônia, mas também na própria Palestina. O hebraico, como o achamos nos livros escritos após o exílio, está muito eivado de elementos aramaicos. Continua, contudo, sendo a língua dos escribas judeus e, em certos círculos, do judaísmo. Experimenta, igualmente, reflorescimento, como, por exemplo, na "Comunidade da Nova Aliança" de Qumran, formada nos tempos depois das guerras dos macabeus, e onde a maioria dos livros foi escrito em hebraico. No tempo, porém, de Jesus, a língua comum entre os judeus da Palestina é o aramaico.

A língua hebraica do Antigo Testamento acarreta-nos, sob diversos aspectos, dificuldades. Mas isso se dá, não somente conosco; também os antigos tradutores gregos, latinos e sírios acharam-na uma língua difícil, saindo por isso as traduções, muitas vezes, imperfeitas e defeituosas. As dificuldades têm as seguintes causas:

a) O vocabulário do Antigo Testamento representa apenas uma pequena parte do vocabulário geral, empregado outrora no falar cotidiano do povo israelítico; por isso nem sempre é fácil saber exatamente o sentido de uma expressão, mormente, quando este sentido não aparece pelo contexto. Precisa-se então recorrer a palavras parecidas em outras línguas semíticas, ou ainda elucidar o sentido da palavra de acordo com a evolução histórica da língua hebraica; não raro terá o tradutor que contentar-se com meras hipóteses.

b) A indicação gramatical deficiente dos tempos verbais: O hebraico, como outras línguas semíticas, possui a peculiaridade gramatical de indicar, no verbo ativo e indicativo, a repetição, a duração, ou a unicidade da ação; mas indica só imperfeitamente o tempo em que se quer colocar a ação ou a situação temporal. Daí nasce freqüentemente a incerteza, desconhecendo-se se o autor fala do presente, do passado ou do futuro.

c) O espírito da língua: É característico para o hebraico, como para muitas outras línguas semíticas, a abundância, de um lado, em termos referentes a coisas e propriedades concretas, palpáveis e visíveis, e por outro lado, a pobreza em termos abstratos. Assim, por exemplo, há descrições vivas e dramáticas sobre a atitude de alguém que sofre: "Ele se retorce", "ele estremece", "estremece como uma parturiente", "ele rasga seus vestidos", "bate no peito"; "suas entranhas, seus ossos são perpassados"; ele lamenta sobre sua "enfermidade", seus "açoites" e "suas feridas" Contudo, tais descrições ainda não nos esclarecem se aqui se trata de uma dor física ou moral. A terminologia concreta confere ao Antigo Testamento uma vivacidade, difícil de ser imitada nas traduções, sendo que o pregador e o catequista modernos muito poderiam aprender daí.

Antes de mais nada, conseguem os antigos escritores bíblicos descrever, de maneira impressionante, a personalidade de Deus. No Antigo Testamento, o homem piedoso vê a Deus concretamente diante de si e pode falar com Ele "debaixo de quatro olhos"; Deus "olha para o homem piedoso", "volve seu rosto para ele"; "estende sua mão e o atrai a si". E Deus "enrubesce" de ira contra o prevaricador, Deus "geme" diante da ingratidão dos homens e, depois, "as suas narinas fumegam" de ira. Deus toma o seu povo de Israel nos braços, qual uma mãe, e fala carinhosamente com ele, como a mãe com seu filhinho, sobre o regaço. Tais "antropomorfismos" e "antropopatismos", isto é, transferência da maneira humana de agir e sentir para Deus, representam para os filósofos e teólogos modernos, acostumados à linguagem abstrata das escolas, uma grande dificuldade. O mesmo se diga da ausência de definições abstratas e de ordem sistemática nos discursos. Tudo isso os embaraça quando se dão ao trabalho de formular precisamente e de coordenar as afirmações sobre Deus e suas relações para com os homens.

À mão destes exemplos, notamos que não basta aprender a língua hebraica de algum manual, mas que é preciso acostumar-se à leitura assídua do Antigo Testamento, postergando, enquanto possível, nossas modernas categorias, lógicas e sistematizadas. Só assim entraremos no espírito e na mentalidade concreta da língua hebraica. Os tradutores deveriam esforçar-se, na versão dos textos originais para nossas línguas modernas, de salvar, o quanto possível, aquela mentalidade concreta dos hebreus, mesmo sob o perigo de recorrerem a figuras retóricas ousadas ou a comparações inusitadas. Não se deveria traduzir "os filhos de Israel" por "israelitas", "as narinas flamejantes" ou "a face incandescida de Javé", por "cólera" ou "ira de Javé", o "saltar" e "dançar", "o bater palmas" e "jubilar" por "alegrar-se", as "mãos cansadas" por "desânimo", "os filhos da morte" por "destinados à morte" e os "filhos da iniqüidade", por "ímpios".

O aramaico está estreitamente ligado ao hebraico. Desde a metade do 2° milênio antes de Cristo existiam, nas regiões da atual Síria e do Iraque, pequenos e grandes estados aramaicos. Daquele tempo, possuímos também maior número de documentos literários da língua aramaica. Os arameus faziam o comércio entre a Mesopotâmia, a Ásia Menor e o litoral do Mediterrâneo. Por isso, desde o início do 1° milênio antes de Cristo, tornou-se o aramaico a língua internacional do comércio e mais tarde, no reinado dos persas, isto é, desde a metade do 1° milênio, também a língua da diplomacia e dos funcionários. Da administração governamental dos persas, principalmente no Egito, temos uma rica coleção de documentos em papiros, em língua aramaica, que possui os mesmos característicos das partes aramaicas dos livros de Daniel e Esdras. A esta linguagem chamam de "aramaico oficial", porque foi usado nas repartições públicas do vasto império persa. Ao lado disso, havia certos dialetos aramaicos, usados pelo povo, mormente na Síria, Babilônia e Palestina. O vocabulário do "aramaico oficial" apresenta, como é lógico, muita mistura de elementos persas, e por isso torna-se necessário consultar a língua persa, quando se trata de explicar certos termos administrativos, encontrados nos livros de Daniel e de Esdras.

A partir do tempo de exílio, falam os judeus, não só na Babilônia, mas também na própria pátria, o aramaico, ao lado da língua pátria, que é o hebraico. De então em diante, penetram também, sempre mais nos livros do Antigo Testamento, escritos em hebraico, expressões, particularidades e locuções gramaticais próprias da língua aramaica. No tempo de Cristo, um dialeto aramaico, originado na Palestina, o assim chamado aramaico palestinense, veio suplantar o hebraico no falar cotidiano. Este dialeto, por ser empregado comumente pelos judeus, chamados também de "hebreus", recebera em grego a designação de "dialeto hebraico". Esta foi a língua pátria de Jesus, dos apóstolos e da Igreja primitiva em Jerusalém. Saber isso é de importância para a explicação do Novo Testamento, pois este dialeto forma a base das palavras de Jesus, as quais só conhecemos em língua grega, conforme nos transmitiram os evangelistas. Até há pouco, existiam tão poucos documentos da "língua de Jesus" que era difícil ter idéia exata de como Jesus e seus discípulos falaram realmente no lidar cotidiano. Apenas depois da publicação do assim chamado *Genesis Apokryphon* de Qumran (1956), e depois do descobrimento na biblioteca do Vaticano de um manuscrito completo, até agora desconhecido, do Targum palestinense, é-nos possível estudar mais de perto este dialeto.

Na Síria, o aramaico evoluiu até constituir a língua síria, que, por sua vez, admite vários dialetos, ao passo que escritos judeus da antiguidade e da incipiente Idade Média transformaram o aramaico numa língua apropriada à escola, escrevendo nela as tradições de caráter doutrinário (Haggadda) e as de caráter legal (Halacha), tradições estas que passaram para o Talmud. Ainda hoje em dia, encontramos dialetos sírios e aramaicos, em algumas regiões distantes do Líbano, da Síria, da Turquia e do Iraque.

O caráter da língua aramaica muito se assemelha à índole do hebraico. Por isso, aplica-se ao aramaico o mesmo que acima dissemos sobre a mentalidade da língua hebraica.

A mais conhecida entre as línguas bíblicas é o grego, por se tratar de uma língua mais próxima da nossa, sendo seu estudo, desde séculos, cultivado nas escolas superiores. Esta língua é-nos bem conhecida através de um rico patrimônio literário do mais talentoso povo cultural da antiguidade, dos helenos ou gregos. Sem embargo, existem diversas diferenças entre o grego bíblico e a linguagem dos clássicos gregos: é um grego de uma fase evolutiva posterior, falado, desde os tempos de Alexandre Magno, isto é, desde os meados do IV século antes de Cristo, nas regiões orientais do Mediterrâneo, tornando-se a língua universalmente falada e escrita, a assim chamada *koiné*. Esta língua é-nos transmitida, não apenas em volumosos documentos literários, como os do escritor judeu Josefo Flávio e Filo de Alexandria, mas ainda em milhares de documentos da vida cotidiana, tais como notas de compras e vendas, cartas, contratos particulares, protocolos sobre contratos matrimoniais e libertação de escravos, documentos de doações, etc. Por se tratar de folhas de papiro, chamam-se tais documentos de "papiros gregos". Seu estudo muito contribuiu para a explicação da Bíblia grega, porque obtivemos esclarecimentos melhores sobre expressões e costumes jurídicos, encontrados tanto no Novo Testamento, como também na tradução grega do Antigo Testamento.

O grego da Bíblia, porém, apresenta não poucas palavras e locuções semíticas, isto é, hebraicas e aramaicas, fato esse que ainda hoje nos diz que os escritores bíblicos pensavam à maneira semítica, embora escrevessem seus livros em grego. Convém atender a esse "substrato" semítico, ao lermos o Novo Testamento no original. Um exemplo marcante, de como uma passagem do Novo Testamento pode ser mal interpretada, se não atendermos às relações com este fundamento aramaico-hebraico, é o canto dos anjos em Belém (Lc 2, 14), texto tão citado no Natal por estadistas e pregadores. Essas palavras devem servir para justificar os desejos, bastante humanos, de paz e os apelos dirigidos aos homens de boa vontade. Na realidade a passagem de Lc 2, 14 significa bem outra coisa, diferente daquilo que pensam os que a citaram. Pois a "paz" corresponde aí ao hebraico-aramaico *salôm*, o que designa a ordem correta, ou a relação justa entre Deus e o homem e entre os homens mutuamente. A "boa vontade" significa naquela passagem não a boa vontade dos homens, mas o *rassôn* do Antigo Testamento, o beneplácito de Deus, de que desfrutam os homens por Deus agraciados e escolhidos. Os anjos, portanto, querem dizer que, pela encarnação de Cristo, é restabelecida, a justa ordem entre Deus e os homens por ele gratuitamente beneficiados. Ordem essa que não é atingida por acontecimentos bíblicos ou distúrbios políticos, mas "tudo está em ordem" para os bons, ainda que tenham de sofrer penúria, guerra e perseguições. Daí se vê que a paz aqui entendida não é a paz em oposição à guerra; por isso, a passagem é mal interpretada ou deturpada pelos "apóstolos da paz". Sobre este fundo semítico, embora não todas, desaparecem muitas dificuldades do Novo Testamento.

Dificuldades que embaraçam os ignorantes e servem aos incrédulos para justificar sua descrença. Se soubermos que nem o aramaico nem o hebraico possuem termos para designar "parentes", mas que todos os graus mais próximos de parentesco são indicados por "irmão" e "irmã", então não nos haveremos de admirar que o Novo Testamento fala de "irmãos de Jesus". São seus parentes próximos, mormente os primos. A língua aramaica e hebraica possuíam também uma expressão jurídica própria para designar o "primogênito", aquele que "primeiro procede do seio materno" e é favorecido pela lei hereditária. Chama-se *bekôr*, o que é mais ou menos "o herdeiro". O grego não conhece expressão idêntica. Emprega simplesmente "o primeiro filho", ou "o primogênito". Se, pois, lemos em Lc 2, 7 que Maria deu à luz a seu "primogênito", isso não significa que tenha tido outros filhos ainda, mas apenas diz que dera a vida a um "herdeiro", sem atender se houve outros filhos ou filhas.

As conseqüências que provêm do fato de alguém não dominar bem a língua, podemos ver na maneira como a arte representa a Moisés. Pois São Jerônimo, ao traduzir o Antigo Testamento do hebraico, confundiu a palavra *qaran* = brilhar (Êxodo 34, 29s. 35) com a palavra semelhante que significa "corno". Por isso traduziu erradamente: "a face de Moisés estava cornuta" em vez de "a face de Moisés se tornara brilhante". Desde então temos na história da arte cristã a Moisés representado lamentavelmente com cornos sobre a cabeça.

A primeira e primordial condição, portanto, para um conhecimento exato do texto bíblico inspirado é o conhecimento das línguas, nas quais foi escrita a Bíblia. Conhecendo melhor essas línguas, mais fácil será solucionar certos problemas e equívocos que por acaso ainda encontramos na Bíblia. E mais fácil será também descobrir certas formas defeituosas, introduzidas no texto bíblico na ocasião em que se fizeram cópias.

O exegeta especializado deverá estudar, além do hebraico, aramaico e grego, ainda várias outras línguas antigas, se ele quiser estudar cientificamente a Sagrada Escritura. Muito importantes para a reconstrução do texto original são as antigas traduções. Daí a necessidade de tomar em consideração as línguas em que foram traduzidas, como por exemplo, o sírio, o copta, o latim vulgar da antiga Bíblia latina e outras. Acrescem ainda as várias línguas do antigo Oriente, o egípcio, o acádio (babilônio-assírio), hetítico, o ugarítico, o fenício e outras. Nestes idiomas existem milhares de antigos documentos, por meio dos quais muito aprendemos acerca da história, do ambiente cultural, da mentalidade e dos costumes literários dos autores bíblicos. Por esse motivo erigiu o Concílio de Vienne (1311) cátedras para línguas orientais nas universidades mais importantes (EB 41-43). A Carta Apostólica *Quoniam in re biblica*, do dia 27 de março de 1906, aconselha dar aos estudantes interessados, nas faculdades teológicas, ocasião para aprenderem línguas orientais (EB 172; cf. também 547). Pio XII, na sua carta aos bispos da Itália, do dia 20 de agosto de 1941, defende expressamente o estudo das línguas orientais contra a acusação de que os exegetas católicos iriam ser com isso desviados de suas tarefas propriamente teológicas e que, pelo saber profano adquirido, iriam facilmente ser induzidos ao orgulho (EB 530).

CAPÍTULO II

AS FORMAS GRÁFICAS DA BÍBLIA

A Bíblia foi escrita não só em línguas estranhas, acessíveis somente após estudo penoso, mas também em parte, em um sistema gráfico difícil de decifrar. Em cada alfabeto há sinais semelhantes entre si, fato que poderá levar a equívocos e a erros no copiar. Sem comparação com nossos métodos modernos de imprimir, enganos e erros de leitura são tanto mais numerosos nos testemunhos do texto bíblico, porque antigamente era necessário copiar penosamente o texto para multiplicá-lo e porque, às vezes, usavam material gráfico pouco favorável à leitura.

Cada copista confere às letras certos traços característicos, de modo que os manuscritos nunca são bem iguais entre si. Formaram-se também certas maneiras típicas de escrever, particularidades em formar as letras, o que pode ser importante para acharmos a idade de um manuscrito. A ciência que se ocupa com a evolução da maneira de escrever chama-se paleografia.

Justamente no tocante aos caracteres em que foi escrita a Bíblia mais antiga, notamos a providência divina. Os textos mais antigos da Sagrada Escritura não foram escritos, como era costume geral de então, em caracteres cuneiformes ou em hieróglifos — o que muito dificultaria a compreensão do texto — mas em letras propriamente ditas.

Os povos de cultura antiga mais importantes na Ásia Anterior, os sumérios, os babilônios, assírios e hetitas empregaram caracteres cuneiformes, os quais não representavam letras destacadas, mas palavras e sílabas inteiras. Por isso precisavam de grande número, cerca de mil, destes sinais, que admitam composições várias. Cada sinal possuía várias significações, pois podia servir para diversas palavras e sílabas. Além disso, cada período cultural apresentava sinais próprios, bastante diferentes dos anteriores.

É claro que tal escrita complicada não podia ser aprendida por qualquer um. Precisava-se de escreventes oficiais, formados em longos tirocínios. Existem ainda, escritas em caracteres cuneiformes, dezenas de milhares de pequenas tábuas de barro cozido, bem como outras inscrições, oriundas do IV milênio até os últimos séculos antes de Cristo. Faz apenas um século que se conseguiu ler de novo estes documentos, pois o conhecimento da escrita cuneiforme tinha se perdido no tempo depois de Cristo.

Os egípcios tinham inventado outro sistema de escrever, não menos complicado, os assim chamados hieróglifos. Compõem-se de vários sinais figurativos que podiam servir tanto para palavras inteiras, sílabas ou também apenas para consoantes. No correr dos séculos derivaram-se daí outros sistemas, o hierático e o demótico, mais difíceis ainda para decifrar. Nestas diversas escritas existem também inúmeros documentos literários do Egito, em parte em inscrições, em parte em folhas de papiro. Podemos acompanhar a escrita egípcia mais ou menos do ano 3000 antes de Cristo até 200 depois de Cristo, embora fosse também usada ainda mais tarde. Os descendentes cristãos dos antigos egípcios, os coptas, usam em sua língua, que representa o último grau evolutivo do idioma egípcio, caracteres emprestados do alfabeto grego. Faz pouco mais de um século que conseguimos ler de novo também os caracteres egípcios.

Semelhantes sistemas de hieróglifos eram empregados por outros povos do antigo Oriente, especialmente pelos chamados "heteus dos hieróglifos". Não foram todavia ainda bem estudados.

O conhecimento e o estudo da escrita cuneiforme e dos hieróglifos requerem hoje em dia longos anos de estudos especializados. O exegeta, desejoso de aproveitar os documentos literários, escritos nestes sistemas, para a explicação do Antigo Testamento, precisa apoiar-se em geral nos resultados fornecidos pelos "assiriólogos" e pelos "egiptólogos", especialistas desta matéria.

Uma feliz coincidência na evolução cultural da humanidade nos livrou da necessidade de ler o texto bíblico, escrito em caracteres tão difíceis. Numa região, politicamente insignificante, rodeada pelas grandes potências da Mesopotâmia, Ásia Menor e Egito, isto é, no litoral palestinense do Mediterrâneo e da Síria, bem como na península do Sinai, certos pequenos povos, aparentados com os israelitas, conseguiram realizar um feito cultural dos mais notáveis, cujos efeitos ainda desfrutamos, a invenção da escrita em letras. Conhecemos agora diversos desses sistemas, sem saber se são dependentes entre si ou não. Temos conhecimento de um alfabeto de trinta e cinco sinais cuneiformes, no qual nos foi conservado o rico patrimônio literário do pequeno estado de Ugarit, no litoral norte da Síria. Outro sistema de letras temos da península do Sinai, a assim chamada "escrita de Biblos". Mais tarde predominou o alfabeto fenício ou cananeu, que consta de 22 letras. A esse sistema podemos reduzir todos os demais alfabetos empregados pelos povos de cultura ocidental, como sejam o grego, o etrusco, o latino, o gótico e o eslavo. Enquanto mais tarde os gregos, os etruscos, os latinos, os godos e os eslavos usavam também letras para as vogais, permaneciam os povos semíticos, e herdeiros do sistema cananeu, com o método de marcar só as consoantes e não as vogais.

Na época em que as tribos de Israel se fixaram na Palestina, possuíam já provavelmente, esta escrita, desenvolvendo-a para o alfabeto do antigo hebraico. Neste sistema foram escritas as poucas inscrições e outras relíquias literárias do antigo hebraico que se conservaram do tempo anterior ao exílio. Com estes caracteres também foram escritos, pela primeira vez, os mais antigos livros da Bíblia, tendo sido sempre de novo copiados. Depois do exílio diminuiu o uso desta escrita, introduzindo-se outro sistema, a escrita aramaica, da qual falaremos mais adiante. Contudo o antigo alfabeto ainda foi empregado mais tarde, como atestam moedas judaicas do tempo dos macabeus e do tempo depois de Cristo, como também alguns manuscritos de Qumran, que datam do tempo de Cristo também. Outra forma derivada temos na escrita samaritana, aperfeiçoada pela seita samaritana no tempo anterior a Cristo. Neste sistema foi escrito o Pentateuco samaritano, do qual faremos menção depois.

Pelo fato de se terem empregado letras do antigo hebraico explicam-se diversos erros, ocorridos nos manuscritos bíblicos. Por causa de sua semelhança trocaram-se algumas letras, mormente quando precediam as vogais (*aleph*), como as letras T e D, o gutural Ain, a nós desconhecido, e o R, H, J, M e S.

Os arameus desenvolveram da escrita cananéia um alfabeto aramaico próprio, que é também chamado de escrita quadrada, por causa de suas formas peculiares. No exílio e durante o reinado dos Persas adotaram os judeus, ao lado de outros elementos lingüísticos, também o alfabeto aramaico, empregando-o, não só para escrituras em língua aramaica, mas também para suas próprias obras literárias e outros documentos, escritos em hebraico. Esta escrita quadrada, a princípio, só se usava entre os judeus; em escritos profanos, nos últimos séculos, porém, antes de Cristo, também a empregavam ao copiar textos religiosos. A maioria dos manuscritos, tanto de textos bíblicos como de não bíblicos, que foram achados em Qumran, foram escritos desta forma a partir do segundo século antes de Cristo. Quando Jesus afirma que a menor letra é o *jota* (Mt 5, 18), então Ele supõe, aparentemente, a escrita aramaica, como sendo universalmente conhecida, pois só neste alfabeto é que se verifica isso, ao passo que no sistema hebraico antigo a letra jota (*Jod*) era das maiores.

Quase todos os manuscritos conhecidos da Bíblia hebraica, até o descobrimento dos manuscritos de Qumran, eram escritos com letras quadradas. Ainda hoje a empregam para imprimir a Bíblia hebraica. No atual Estado de Israel ela é usada para tudo o que se imprime em hebraico moderno. Neste sistema é fácil confundir as letras W-J, D-R, H-CH-T, N+W-M, N+J-M, B+J-M, S com o M final.

Outra fonte de erros e enganos na leitura, tanto na escrita hebraica antiga como na aramaica, era a falta de sinais para vogais. Ambos os alfabetos desconheciam estas designações. Hoje, sentimos bastante esta deficiência, contudo, para as línguas semíticas esta falta não é tão sensível. Possuem estas línguas formas fixas de palavras radicais quase sempre de 3 consoantes, que indicam o sentido fundamental, sendo que as vogais só mudam acidentalmente esse sentido. Dessa forma podiam dispensar a marcação das vogais, pois aquele que falava uma dessas línguas como língua pátria, facilmente supriria as vogais. Para nós, que não dominamos estas línguas, a vocalização causa certa dificuldade. Contudo, mesmo entre os povos semitas ocidentais, começaram, relativamente cedo, a indicar algumas vogais longas pela assim chamada "escrita plena", ou a indicá-las por meio de algumas consoantes fracas como Aleph, Jod, Waw e He. Isto, porém, se deu irregularmente. Só no tempo de Cristo torna-se geral a "escrita plena", principalmente para os manuscritos da Bíblia, destinados à leitura particular, não ao ofício nas sinagogas. Nunca porém estatuíram regras ortográficas certas.

No começo da Idade Média começou-se nas escolas dos rabinos em Babilônia, em Tiberíades e outros lugares, a construir sistemas complicados para marcar as vogais e para a acentuação. Por meio de riscos e pontos, colocados acima ou embaixo das consoantes, designavam as vogais. Por isso fala-se de pontuação. A partir de 800 anos depois de Cristo, foi esse sistema aplicado regularmente em todos os manuscritos bíblicos. Os textos profanos ou não bíblicos deixaram de aplicar a marcação de vogais. São Jerônimo, ao transladar, pelo ano 400, a Bíblia do hebraico e aramaico, viu-se obrigado a usar um texto sem pontuação. Devia, pois, dominar bem a língua hebraica, para ler corretamente o Antigo Testamento. Não é sem importância, por exemplo, se a palavra *sbh* significa *sebâh* = "senta-te", ou *subâh* = "volta" ou *sabâh* = "ela volta".

Concernente à língua grega, não há que dizer muita coisa. Os manuscritos mais antigos da língua grega, isto é, os que se escreveram até ao século IX depois de Cristo, foram escritos em letras maiúsculas, como as conhecemos do tempo do ginásio. Parece que também os escritores bíblicos as empregavam. Em oposição aos escritores semitas que, por via de regra, separavam palavras e frases, não conheceram os escritores antigos nem separação de palavras nem pontuação. Isto, é claro, não torna fácil a leitura. Fala-se aí de uma *scriptio continua*, ou escrita continuada. Fonte de equívocos constituíam também as freqüentes abreviações que nem sempre eram bem interpretadas pelos amanuenses. Desde o IX século, partindo das letras maiúsculas, criaram as letras minúsculas para se poder escrever mais corretamente sem interromper tanto a escrita. Chama-se escrita cursiva. Empregando nesse sistema a *scriptio continua*, maior se tornará o perigo de engano; por isso separaram agora as palavras por pequenos intervalos empregando igualmente a pontuação e a acentuação.

CAPÍTULO III

A FORMA DOS LIVROS E O MATERIAL GRÁFICO

Os povos que usaram a escrita cuneiforme empregavam, geralmente, tábuas de argila. Enquanto a argila se conservava mole, gravavam as letras na tábua, por meio de estiletes de ferro ou de madeira. Essa tábua depois era queimada à maneira de tijolos. A esse fato devemos a grande durabilidade destes documentos, a não ser que as tábuas tenham sido quebradas em pedaços diminutos. Nas escavações arqueológicas encontraram-se centenas de milhares de tais tábuas. Descobriram-se arquivos completos, extensos e bem organizados, contando até 10.000 tabuinhas, como é o caso dos arquivos de Nínive, Mari Hattusa e Ugarit. A ciência moderna pôde aproveitá-las todas.

Os egípcios, ao invés, não conheciam essas tabuletas de barro cozido. Empregavam outro material muito prático para escrever, mas menos resistente. Desde o ano 3.000 mais ou menos, antes de Cristo, usavam o cerne de uma planta palustre, que crescia às margens do Nilo, chamada papiro. Cortavam esta planta em forma de tiras compridas, que, sobrepostas em forma de cruz, eram coladas, comprimidas e alisadas. Deste modo obtinham-se folhas que se assemelhavam ao nosso papel. Por meio de um pincel ou uma espécie de pena escrevia-se nele com tinta simples ou de cores, mas só de um lado. Chamamos, este material também papiro. Várias destas folhas podiam ser coladas ou costuradas junto, de maneira que se obtinham tiras de vários metros de comprimento.

Prendiam-se as extremidades destas tiras a um pau, podendo o conjunto ser enrolado. Em cada folha escrevia-se o texto em forma de coluna, à semelhança de nossas páginas. Ao ler este “livro”, desenrolava-se com uma mão o rolo e com a outra tornava-se a enrolá-lo.

Ao lado disso conheciam os povos da Ásia Anterior, bem como os egípcios, inscrições monumentais, gravadas em blocos de pedras, em rochedos, em lajes de mármore, etc., ou esculpidas em edifícios ou em paredes de casas. Mesmo em fragmentos de cerâmica (Ostraka), que já não serviam para outros fins, riscavam e escreviam notícias. Também os israelitas mandavam gravar em pedras certos documentos importantes, como sejam contratos e leis. É o que atestam os relatos bíblicos sobre as tábuas da Lei de Moisés (Êx 31, 18; 32, 15s) e sobre a cópia da Lei, gravada em pedra, no tempo de Josué (Jos 8, 32) e ainda a Inscrição de Siloá, lembrando a construção de um túnel para o aqueduto, construído em Jerusalém no tempo do rei Ezequias. No mais, embora fosse notável a influência da cultura babilônico-assíria, adotaram os israelitas não o material gráfico, as tabuinhas de argila dos vizinhos orientais e setentrionais, mas o dos egípcios, os papiros. Este material foi importado em abundância para a Palestina, através das cidades fenícias do litoral. Em Jer 36 explica-se, detalhadamente, de que maneira se escrevia e lia em Israel.

Dos persas chegaram os judeus a conhecer outro material mais durável mas também mais dispendioso, as peles de animais e couro. Pelo ano 100 a.C. inventou-se na cidade de Pérgamo, na Ásia Menor, um novo método aperfeiçoado de preparar peles para nelas se escrever. Recebeu o nome de pergaminho. Conforme 2 Tim 4, 13 possuiria São Paulo, tais rolos de pergaminho, pois pede-lhe que lhos tragam da Ásia Menor para Roma.

As grandes descobertas de manuscritos, feitas a partir de 1947 no deserto de Judá, mormente em Qumran e Wadi Murabaat, constavam de rolos de papiro e de couro. Em tais rolos foram escritos, ao que parece, os originais da Sagrada Escritura. As cópias mais antigas do Novo Testamento, enquanto as conhecemos, são feitas em papiros. Os mais antigos manuscritos do Novo Testamento em pergaminho são do IV século.

Ao contrário do que se deu com as indestrutíveis tabuletas de argila, deu-se com os documentos de papiro e couro que, dada a precariedade do material, só se conservaram em circunstâncias deveras muito favoráveis.

No Egito o clima seco do deserto e a pouca chuva favoreciam sua conservação, por isso até as descobertas de Qumran, a maioria dos textos bíblicos e não bíblicos eram do Egito. Na Palestina, pelo contrário, devido ao clima acentuadamente úmido, com o decorrer do tempo estragaram-se quase todos os rolos de papiro e de couro e assim perderam-se para sempre.

Constitui feliz coincidência o ter-se escondido em certas grutas do deserto de Judá, na parte oriental e sul-oriental de Jerusalém, de clima seco, grande quantidade de livros que foram descobertos nos últimos anos. No entanto, mesmo estes textos acham-se em grande parte, danificados, colados, carcomidos pelos animais, tornando-se sua leitura muito dificultada ou até impossibilitada.

Acresce ainda: os rolos de papiro e couro muito depressa se gastavam, principalmente por se tratar de livros muito procurados e muito lidos. Como conseqüência o texto se tornava indecifrável e uma nova cópia se fazia mister. Devemos, pois, concluir que muitas cópias se fizeram em pouco tempo, aumentando, naturalmente, dessa forma, o perigo de erros ao serem efetuadas as cópias. Daí chegamos à conclusão seguinte: a maior parte dos erros de cópias e de diferenças de texto provém de um tempo anterior ao dos nossos manuscritos mais velhos que ora possuímos. Não causa, pois, admiração o fato de passagens, tidas como defeituosas pelos críticos, já serem assim encontradas nos mais antigos documentos.

Todos os manuscritos bíblicos do tempo anterior ao II século depois de Cristo tinham a forma de rolos. O pergaminho, todavia, não se prestava muito bem para ser enrolado; por isso começou-se, a partir do I século cristão, a não juntar mais as folhas, colando-as umas às outras, enrolando-as em seguida, mas sobrepondo-as, dobrando-as no meio e costurando-as finalmente.

No início fez-se tal processo, só com o pergaminho; depois também com as folhas de outro material. Obtinham-se desta forma alguns cadernos, que por sua vez, podiam ser ligados entre si e chegavam a formar grossos volumes do feitio de nossos livros atuais. A tal volume dava- se o nome de *codex*, em grego *teuchos*. Esta maneira de confeccionar livros se tornou geral, num curto lapso de tempo. Apenas para fins litúrgicos conservaram os judeus os rolos. na leitura da Bíblia, o que ainda hoje em dia é prescrito nas suas sinagogas.

Os livros eram caros na antiguidade. Às vezes, usavam-se então velhos manuscritos, cujo texto já não interessava, para escrever outro texto. Raspava-se, simplesmente, o texto anterior, alisava-se a folha, escrevendo nela o novo texto.

Métodos fotográficos modernos permitem descobrir, às vezes, o antigo texto sagrado. Tais manuscritos chamam-se *palimpsestos*.

Somente no século VIII achou entrada na Síria e na Palestina o papel, feito de pedaços de linho. Manuscritos feitos em papel só existem desde o século XIII.

O conhecimento sobre esses assuntos, a forma dos livros e do material gráfico, é de muita importância para o exegeta. Eles lhe dão a possibilidade de determinar a idade e a procedência dos manuscritos estudados. Mais ainda, poderá concluir deles dados sobre a história e a autenticidade do texto bíblico. A idade de um manuscrito pode ser calculada, com probabilidade, pela forma das letras, pelo material empregado, e pelas circunstâncias em que foram achados. Método bem recente, aplicado para achar a idade do manuscrito, é o assim chamado teste rádio-carbono-14. Esse permite fixar a data aproximada de sua confecção, pela radioatividade de detritos provenientes do material usado.

A ciência moderna inventou também vários processos para decifrar manuscritos mal conservados, manchados, quebradiços e até quase indecifráveis. Muitos documentos de textos bíblicos só existem em pequenos fragmentos, cheios de pó e manchas, como, por exemplo, os que se descobriram nas grutas de Qumran. É preciso submetê-los a longos e custosos processos de limpeza e conservação. Depois são reunidos para ver se nos esclarecem algo com referência aos textos bíblicos de então. Este trabalho abnegado é, atualmente, feito por uma equipe internacional e interconfessional de sábios do Museu Palestinense de Jerusalém, onde as descobertas de Qumran, Murabaat e Chirbet Mird são examinadas para torná-las acessíveis ao público. Todo esse trabalho se impõe porque desconhecemos os originais da Bíblia, e porque estes textos fidedignos nos permitem reconstruir o texto tal como o escreveram os autores. Medeiam entre o original e os textos mais antigos que possuímos alguns séculos, tornando qualquer fragmento bem aceito, desde que nos aproxime do original por mais alguns decênios. Nos capítulos seguintes trataremos dos textos bíblicos mais antigos de que dispomos, atualmente.

CAPÍTULO IV

O TEXTO ORIGINAL DO ANTIGO TESTAMENTO

Há poucos anos ainda, cientistas modernos quase não conheciam nenhum manuscrito hebraico do Antigo Testamento, proveniente da antiguidade. Somente havia os que datavam da Idade Média. Entre a composição mesma dos mais recentes livros do Antigo Testamento, como o de Daniel e do Eclesiastes, e a mais antiga cópia em nossas mãos, havia um intervalo de cerca de 1.000 anos. Em vista desta situação poderia talvez surgir a alguém menos versado no assunto a dúvida: Será que em tão longo intervalo não houve falsificação ou deturpações do texto bíblico, de tal sorte que hoje mal podemos saber o que o autor inspirado escreveu e como o entendeu? Porém, para o entendido, o fato de não podermos comprovar melhor o texto do Antigo Testamento não constitui problema que o assuste ou o atemorize. Pois, de um lado, a situação não é melhor quanto aos manuscritos que possuímos das grandes obras clássicas de literatura grega e romana. Na maioria dos casos só temos delas cópias, datadas da Idade Média ou do início da Idade Moderna. Por outro lado, além dos manuscritos recentes possuímos do Antigo Testamento também traduções antigas, das quais a versão grega remonta aos tempos anteriores a Cristo.

Sem dúvida, uma comparação entre o texto hebraico dos manuscritos e a tradução grega manifesta certas diferenças, difíceis de serem explicadas.

Quanto aos manuscritos hebraicos, conhecidos até ao começo do nosso século, notava-se uma plena concordância entre eles, abstração feita de pequenos erros ortográficos no texto, que consta só de consoantes; e isto, apesar de pertencerem a épocas e regiões diferentes. Este fato de ser o texto uniforme teve sua explicação. Os manuscritos remontavam a um texto modelo, escrito por sábios judeus no começo do segundo século da nossa era, que servia de texto normativo para as futuras cópias: Os escribas judeus posteriores, os rabinos, não o modificaram mais, mas limitaram-se a transmiti-lo o mais fielmente possível. E faziam-no com mesquinhez. Contavam letra por letra, e ao fazerem uma cópia, conferiam palavra por palavra com o texto modelo. Na margem dos manuscritos fizeram certas anotações concernentes à tradição do texto, a assim chamada *Massorá* (Tradição). O texto, constando só de consoantes e fixado deste modo, chama-se texto *massorético*, ou abreviadamente TM. Este texto já foi usado por São Jerônimo, quando traduzia o Antigo Testamento para o latim, pelo ano 400.

No início da Idade Média existiam ao menos três escolas massoréticas, uma na Babilônia, outra em Tiberíades e mais outra na Palestina. Nestas escolas, instigadas pelos sírios que tinham inventado um método de marcar vogais na sua escrita de consoantes, começou-se então a indicar também a pronúncia de vogais, de acordo com a própria tradição escolar. Para tanto empregavam-se certos sinais, riscos e pontos colocados acima ou abaixo das consoantes. Distinguimos daí uma pontuação babilônica, palestinense e outra de Tiberíades. Os melhores e mais numerosos manuscritos são do sistema tiberiense e baseiam-se em textos modelares, provenientes das famílias masoréticas Ben Ascher e Ben Nephtali. Datam dos anos 750-1100. O melhor e mais bem conservado manuscrito de Ben Ascher é o *Codex Leningradensis*, escrito em 1008. Esse servia de base à Bíblia hebraica de R. Kittel-P. Kahle, a partir da terceira edição, feita em Stuttgart em 1929, e que é a edição mais espalhada do Antigo Testamento. O texto tiberiense foi-se impondo sempre mais nos tempos modernos. Todas as edições adotaram, em geral, este sistema de marcar as vogais.

Manuscritos que se desviaram do texto masorético normativo foram pelos rabinos postos fora de circulação. Estes e outros textos, que, embora de acordo com o texto oficial, se achavam já gastos e danificados pelo longo uso, não foram queimados, simplesmente, porque temiam destruir os livros sagrados. Foram depositados em alguma dependência da sinagoga ou colocados em recipientes de argila, enterrando-os em seguida. Tais esconderijos para manuscritos gastos ou não aprovados chamaram de *geniza*. Desde 1896 tornaram-se conhecidos muitos destes manuscritos de uma geniza descoberta na parte velha do Cairo. São os fragmentos de Geniza. Deles depara-se a multiplicidade de textos que houve entre 600-900. Existiam então não só os três sistemas de pontuação, mas também outras formas de textos, anteriores ao texto massorético.

Desde o século XVII conhecem os sábios europeus manuscritos do Pentateuco em escrita samaritana, proveniente da seita dos samaritanos, ainda hoje existente. A comunidade samaritana, ao que parece, separou-se do judaísmo no tempo após o exílio. No monte Garizin, na região de Samaria, erigiram um santuário para si, tendo sacerdotes próprios e aceitando dos demais Livros Sagrados do judaísmo só o Pentateuco. Este Pentateuco, conhecido através de manuscritos da alta Idade Média, é chamado Pentateuco Samaritano. Aí temos um texto certamente anterior ao massorético; temos nele umas 6.000 variantes do texto massorético, se bem que sejam, em geral, só de natureza ortográfica. Algumas variantes, quanto ao conteúdo, baseiam-se em alterações deliberadas e tendenciosas no sentido da doutrina sectária. Assim achamos em Êx 20, 17 uma interpolação, onde Deus manda construir um altar no monte Garizin. Não há dúvida de aqui se trata de falsificação deliberada por parte dos samaritanos que procuravam uma justificativa para o seu culto ilegítimo no monte Garizin. As demais divergências não as poderíamos chamar de falsificação, mas apenas comprovam que o texto hebraico, em épocas anteriores ao Cristianismo, não era tão uniforme como os manuscritos medievais o fazem supor. Isso acha a sua confirmação pela tradução grega, a chamada Septuaginta, pois ela traz certas passagens numa forma, que não podemos explicar pelo texto massorético. Devem remontar a outros textos hebraicos anteriores que já apresentavam aquela diferença. Às vezes, o Pentateuco Samaritano concorda com a Septuaginta. Em outras passagens, porém, nem o texto massorético, nem o samaritano, nem o grego combinam entre si. Cada qual apresenta uma variante própria.

À mão destes fatos devemos concluir que no tempo antes de Cristo já existiam três formas de textos com certas divergências: a) o texto que mais tarde foi declarado pelos massoretas como texto oficial; b) o texto dos manuscritos que servia de base para os tradutores gregos; c) o texto em que se apóia o Pentateuco samaritano. Enquanto, porém, não possuímos comprovadamente manuscritos anteriores ao texto massorético, só podemos fazer hipóteses mais ou menos seguras. No ano de 1902 foi de fato descoberta uma folha de papiro, proveniente do II ou I século antes de Cristo. Recebeu, conforme o nome do descobridor, a denominação *papiro Nash* e é conservado em Cambridge. Continha o texto hebraico dos dez mandamentos em uma forma que unia Êx 20 com Dt 5 e Dt 6, 4s e mais um acréscimo por nós conhecido só da Septuaginta. Por ser um texto pouco extenso não era possível tirar muitas conclusões sobre a forma do texto em épocas anteriores ao cristianismo. A situação mudou de repente nos últimos anos.

Com as sensacionais e ainda inacabadas descobertas, feitas no deserto de Judá, o intervalo entre o original e o mais antigo manuscrito diminuiu de 800 até 1000 anos. Quanto aos livros recentes do Antigo Testamento, os de Daniel e do Eclesiastes, a aproximação é maior, faltando poucos decênios para chegarmos aos originais.

Não nos podemos deter mais longamente sobre estes achados, nem sobre os textos não-bíblicos. Sobre isso há uma enorme literatura científica e popular. Embora da maioria dos livros bíblicos fossem achados apenas fragmentos mais ou menos extensos, era contudo material suficiente para nos dar uma idéia sobre os textos do Antigo Testamento entre o II século antes de Cristo e o ano 135 depois de Cristo. Temos amostras de todos os livros protocanônicos, exceção feita do Livro de Ester, e dos livros deuterocanônicos de Tobias e do Eclesiástico. Diversos livros constam em vários manuscritos — dos livros do Deuteronômio, de Isaías e dos Salmos temos mais de 10 exemplares respectivamente. Acresce um bom número de comentários para os livros canônicos, nos quais o texto bíblico é verbalmente citado e depois explicado. Apenas pequena parte do material foi examinado e estudado até agora, necessitando-se ainda decênios de estudo para os exegetas.

A maior surpresa constituíam vários rolos intactos e outros quase intactos, sendo os mais notáveis dois manuscritos de Isaías (IQ Is^{a}, IQ Is^{b}), um comentário do Livro de Habacuc (IQ p Hab) e outro rolo, ainda não publicado, dos salmos. Dos dois manuscritos de Isaías e do comentário de Habacuc, bem como de vários fragmentos de outros manuscritos, existem já fotocópias nítidas. Do estudo dos textos até agora publicado e das comunicações feitas pelos cientistas encarregados, consegue-se tirar as seguintes conclusões que são de interesse para a pesquisa do texto bíblico hebraico.

1) Em Qumran usavam manuscritos bíblicos que vêm comprovar todas as formas de textos agora conhecidas: do texto massorético, do Pentateuco samaritano e do texto da Septuaginta, ao lado de algumas outras formas mistas e especiais.

2) O texto fixado pelos massoretas não constitui um texto normativo do II século depois de Cristo, mas já existia no século II antes de Cristo, embora não fosse tão comum; entre todos os textos tradicionais é ele que mais confiança merece: ele se avizinha mais do texto ori-

ginal, do protótipo. Nos manuscritos de Murabaat, de data mais recente (não posterior ao ano 135 depois de Cristo) já é o texto mais empregado.

3) Apesar de pequenas variantes quanto à ortografia e um pouco também quanto ao contexto e o sentido, ficou a tradição do texto bem constante e uniforme.

Ao texto original das partes aramaicas do Antigo Testamento podemos aplicar os mesmos critérios do texto hebraico, uma vez que essas passagens se encontram junto com os livros protocanônicos. Passaram pelas mesmas vicissitudes das partes hebraicas e sofreram o mesmo tratamento, também no que se refere à pontuação e estabilização do texto.

O texto original grego dos livros deuterocanônicos apresenta a mesma evolução histórica da tradução- grega do Antigo Testamento, da qual ainda falaremos. Os manuscritos aramaicos e hebraicos de Tobias e do Eclesiástico, achados em Qumran, ainda não foram publicados, de sorte, que não podemos dizer nada de seguro sobre os textos dos mesmos.

CAPÍTULO V

O TEXTO ORIGINAL DO NOVO TESTAMENTO

Do texto original grego do Novo Testamento temos mais de 2.500 manuscritos, um grande número de livros usados para leitura nas reuniões litúrgicas (lecionários) e inúmeras citações dos Santos Padres. Para os críticos que examinam o texto revestem-se de maior importância os manuscritos em letras maiúsculas, mais de 200, e os papiros, cerca de 70. Sem embargo, poucos são os antigos manuscritos que contenham todo o Novo Testamento. Em geral contêm fragmentos ou certos livros apenas. Estes numerosos textos autênticos foram classificados por diversos sistemas. Hoje em dia, o mais usado é o de C. R. Gregory (m. 1917). De acordo com este sistema designam-se os manuscritos em letras maiúsculas com algarismos árabes, antepondo-se-lhes um zero (por exemplo 018). Para alguns dos mais importantes e conhecidos manuscritos, anteriormente já designados com letras romanas ou gregas, conservou-se esta classificação ao lado daquela de Gregory (por exemplo A = 02; C = 04; D = 05). Os manuscritos em letras minúsculas receberam apenas algarismos árabes (por exemplo 13, 69, 124). Os papiros recebem a abreviação P com algarismo árabe ao alto (por exemplo P^{38}, P^{53}) e o lecionário um 1 com o respectivo número ao lado no alto (por exemplo 1^{38}).

Os mais importantes manuscritos em letras maiúsculas são S = 01 = *Codex Sinaiticus*, descoberto por C. von Tischendorf, nos anos de 1844 e 1859, no mosteiro de Santa Catarina no monte Sinai. Encontra-se hoje no Museu Britânico de Londres. É do século IV.

A = 02: *Codex Alexandrinus*, do V século, também no Museu Britânico.

B = 03: *Codex Vaticanus*, do IV século, na Biblioteca Vaticana.

C = 04: *Codex Ephraemi rescriptus*, um assim chamado palimpsesto do V século, na Biblioteca Nacional de Paris.

D = 05: *Codex Bezae Cantabrigiensis* do V século, na Biblioteca Universitária de Cambridge.

Os papiros P^{6}, P^{13}; P^{37} e P^{48}, do terceiro século, são importantes por causa de sua antiguidade. O mesmo se diga dos papiros, chamados de Chester-Beatty, bem como dos fragmentos de 12 códigos em papiro, mormente dos P^{45-47} do século III. O mais antigo papiro do Novo Testamento, até agora conhecido, é um pequeno fragmento, oriundo do Egito, contendo a passagem de Jo 18, 31-33. 37s, escrito pelo ano 130, poucos decênios após o término do evangelho de São João. Acha-se guardado em Manchester (P^{52}). Outro ainda, descoberto há pouco tempo, designado por P66, com a passagem de Jo 1-14, escrito pelo ano 200, é conservado em Genebra (*Papyrus Bodmer II*). Comparando entre si os manuscritos, as citações dos Santos Padres e as antigas versões, podemos formar a seguinte idéia sobre a história do texto do Novo Testamento. Apesar de concordar no essencial, há divergências no texto, não nos sendo ainda possível reconstruir, com segurança, o texto original do Novo Testamento. Procurando pôr em ordem sistemática as variantes e coordenando os textos críticos conforme sua precedência, acharemos mais ou menos quatro formas de textos, bastante divergentes e independentes. São as diversas "recensões" que já existiram pelo ano 300:

a) A recensão de Alexandria: Trata-se de uma revisão do texto do Novo Testamento, feita em Alexandria e tendo por base antigos manuscritos bem conservados. Queriam reconstruir o texto autêntico, prejudicado pelas muitas cópias, e parece que conseguiram este intento. É a forma que mais se aproxima do original. Chamam-na de texto neutro.

b) O texto Ocidental: É assim chamado por ser principalmente aproveitado pelos Santos Padres na Igreja Ocidental, isto é, na Bíblia latina e nos manuscritos grego- latinos. Confrontando-o com o texto Alexandrino notamos certas ampliações e lacunas. Relatam algumas passagens de maneira por demais livre. Alguns sábios julgam ser esse o melhor texto, que mais se aproxima do protótipo. Contudo isso é pouco correto; não obstante ofereceu certas variantes notáveis que talvez bem se aproximem do texto original.

c) A recensão cesareense: Foi propagada por Orígenes de Cesaréia na Palestina e se reporta, provavelmente, à uma revisão feita no Egito na primeira metade do III século.

d) A recensão antioqueno-bizantina: Esta forma suplantou, aos poucos, todos os outros textos na Igreja Oriental, tornando-se a forma predominante. Por se ter empregado na edição geral do Novo Testamento chamaram-na de *Koiné*.

As antigas versões bíblicas

A dispersão do povo judaico por grande parte da Ásia Anterior e do Egito, tornara necessária a tradução do Antigo Testamento já em tempos anteriores ao cristianismo. Pois as comunidades dispersas não falavam mais o hebraico e sim o aramaico e mais tarde, mormente no Egito, o grego. A Igreja cristã aceitou dos judeus a tradução grega do Antigo Testamento, e Ela mesma se servia da língua grega para seus trabalhos literários. Depois, quando começou o trabalho missionário entre os povos do Mediterrâneo, cuidou que se fizessem novas traduções nas línguas dos povos recém-convertidos ao cristianismo.

Possuímos, pois, bom número de traduções bíblicas, desde o III século antes de Cristo, fato esse de grande importância para a crítica dos textos. É que retraduzindo o texto novamente para o hebraico ou confrontando-o com o original pode-se conjeturar qual teria sido o texto hebraico, aramaico e grego que o primeiro tradutor teve em mão. As traduções, portanto, preenchem as lacunas causadas, na cadeia das tradições dos textos, pela perda dos manuscritos originais. O crítico do texto aprecia tanto mais uma tradução quanto mais antiga e fiel for ao original. É claro que na pesquisa pelo texto autêntico possuem mais valor as traduções feitas diretamente do original, do que aquelas traduções baseadas em outras traduções da Bíblia.

CAPÍTULO VI

AS TRADUÇÕES GREGAS

Conta a assim chamada carta de Aristeas, uma falsificação do II século antes de Cristo, que o rei egípcio Ptolomeu II Filadelfo (285-247) pedira ao sumo sacerdote dos judeus em Jerusalém, Eleazar, para mandar-lhe homens doutos a fim de traduzir para o grego a Lei de Moisés, isto é, o nosso Pentateuco. O fim era de poder assim incorporar esta obra tão célebre na sua biblioteca em Alexandria. Continua dizendo a carta que então Eleazar mandou 72 homens, acabando eles em 72 dias o trabalho de que foram incumbidos. Por causa desses 72 homens é que a tradução era chamada a tradução "dos setenta e dois", ou brevemente, dos "setenta", em latim *Septuaginta* (abreviada freqüentemente assim: LXX). Esta narração, durante muito tempo, passou por autêntica e fidedigna, e o filósofo judeu Filo de Alexandria acrescentou ainda outros traços legendários segundo os quais os 72 sábios teriam morado em celas separadas, traduzindo cada um todo o Pentateuco, independentemente, mas em concordância verbal. Os Santos Padres eram da opinião de que os sábios gregos tivessem traduzido todo o Antigo Testamento e não somente os cinco livros de Moisés. Eis o motivo por que o nome "Septuaginta" foi aplicado a todo o Antigo Testamento grego, embora esta designação, originariamente, só se ligasse ao Pentateuco. Na realidade, foram os demais livros do Antigo Testamento traduzidos só mais tarde por intermédio de vários tradutores. Quanto à origem da "Septuaginta" podemos, com bastante segurança, dizer o seguinte: Foi no Egito, e pelo ano de 250 antes de Cristo, que o Pentateuco foi traduzido para o grego. Até o ano de 130 a. C. também os demais livros protocanônicos foram transladados para este idioma. O prefácio do Eclesiástico grego já supõe como conhecida, pelo ano 130, a tradução da "Lei, dos Profetas e dos outros Livros". Seguiam-se então os livros deuterocanônicos, cuja tradução para o grego deve ter sido acabada pelo fim do primeiro século antes de Cristo.

A Septuaginta não representa, pois, um trabalho uniforme, feito de uma vez, por um sábio ou uma equipe de sábios de acordo com linhas comuns, mas ela consta de traduções isoladas. Daí a necessidade de avaliar em separado o valor crítico de cada livro. Há uns melhor traduzidos do que outros, fato esse que não permite fazer um juízo global sobre o caráter da Septuaginta. A suposição de terem existido, no tempo anterior ao cristianismo, diversas traduções gregas, não é de se rejeitar inconsideradamente, ao menos no tocante a certos livros; pois a divergência entre os manuscritos é tal, que alguns sábios os julgam provenientes de traduções diferentes.

No tempo de Cristo, ao menos, só existia de cada livro do Antigo Testamento uma tradução predominante, mesmo se anteriormente tivesse havido várias versões independentes. A Igreja aceitou o Antigo Testamento nessa forma grega e assim expressou sua convicção de que a Septuaginta, apesar das falhas lingüísticas, conhecidas também aos Santos Padres, é a interpretação autêntica da revelação do Antigo Testamento. Mesmo entre os judeus da dispersão ela gozou de grande consideração. Por isso não nos admiramos que tanto os judeus como os cristãos ventilassem a questão se a Septuaginta era inspirada ou não. As lendas, espalhadas por Filo, referentes à origem da tradução grega, favoreciam aqueles que respondiam a esta questão de maneira afirmativa. Pertenciam a esse número Justino, Ireneu, Clemente Alexandrino, Cirilo de Jerusalém, Ambrósio, Hilário e Agostinho. A Igreja, porém, nada decidiu. Em todo caso, no que se refere aos livros deuterocanônicos, deverá ser considerada como canônica e, por isso, inspirada a forma do texto grego até agora por nós conhecida.

Intensificando-se as disputas literárias entre cristãos e judeus, a Septuaginta perdeu mais e mais seu renome junto aos rabinos. Enquanto os teólogos argumentavam à base da Septuaginta, os rabinos se obstinavam no texto hebraico, o qual, segundo diziam, fora deturpado na tradução grega. A Mischna, em Soferim 1, 7, cita a opinião de um rabino do segundo século, que considerava a tradução da Lei Mosaica para o grego um pecado igual, em gravidade, ao da ereção do bezerro de ouro. Por isso estabeleceu o oitavo dia do mês Tebet como dia de jejum e penitência; pois, nesse dia, os judeus de Alexandria festejavam a comemoração dessa tradução. Como, porém, também os judeus, se quisessem propagar e defender sua religião no mundo helenístico, não podiam prescindir de uma versão grega do Antigo Testamento, começaram a fazer novas traduções a partir do segundo século depois de Cristo.

No reinado do imperador Adriano (117-138) o prosélito Aquila de Sínope fez uma tradução na qual, de maneira mecânica e irracional, traduzia palavra por palavra. Gomo homem culto que era, certamente sabia das deficiências de sua obra, contudo, era sua intenção dar aos fiéis de língua grega, e talvez também aos pagãos uma cópia, a mais fiel possível, do original. Embora tal tradução devesse ser bárbara aos ouvidos gregos, não obstante conseguiu gozar de alto prestígio entre os judeus. Para a crítica do texto seria muito útil, caso tivesse sido melhor conservada.

No tempo do imperador Cômodo (180-92) apareceu a tradução do prosélito Teodocion de Éfeso. Distingue-se pelo cuidado com que foi feita, pela fidelidade e elegância. Parece que Teodocion confrontou a Septuaginta com o original hebraico, adotando-a no que achava boa. Somente nas passagens em que a Septuaginta apresentou falha de tradução, de estilo ou ainda de fidelidade, por outra, onde ela apresentava lacunas, aí fez uma nova e boa tradução. É de lamentar também a perda dessa obra em grande parte. Apenas o Livro de Daniel se conservou, por haver suplantado nas edições gregas cristãs a tradução menos boa deste livro feita pela Septuaginta.

Uma terceira tradução apareceu mais tarde, no império de Septímio Severo (193-211). Era da autoria de um certo Símaco. Foi feita em bom grego, porém com referência ao texto apresenta arbitrariedades e liberdades exageradas. Existe apenas em fragmentos.

Acrescem ainda outras traduções, menos conhecidas; infelizmente, das mesmas temos tão só pequenos fragmentos. Estas traduções posteriores exerceram uma influência perturbadora sobre os amunuenses que copiaram a Septuaginta. Entraram variantes estranhas no texto. Daí tornaram-se necessárias várias recensões com a finalidade de reconstruir sem erro o texto original dos "setenta".

O trabalho mais perfeito neste sentido foi empreendido por Orígenes, sábio de Alexandria, entre os anos 228 a 240. Ele pode ser considerado o pai da crítica bíblica. Em 50 volumes *in-folio*, com mais de 6.000 páginas, escreveu a *Héxapla* isto é, a *Sêxtupla.* Era uma edição gigantesca da Bíblia, na qual, em 6 colunas paralelas se trazia o texto hebraico, uma cópia do hebraico em letras gregas, a tradução de Aquila, de Símaco, da Septuaginta e afinal a de Teodocion. Em algumas partes da Bíblia até ajuntou uma sétima e oitava coluna com outras traduções gregas. Revisão especial mereceu a coluna com o texto da Septuaginta, o qual foi editado depois, separadamente, com o nome do texto da Héxapla. As 4 colunas com textos gregos foram por Orígenes ainda copiadas à parte, na assim chamada *Tétrapla.* Com exceção, porém, do texto revisionado da Septuaginta, perderam-se tanto a *Héxapla* como a *Tétrapla.* São Jerônimo pôde ainda consultar as obras na biblioteca de Cesaréia pelo ano de 410. Provavelmente foi esta biblioteca destruída por ocasião da invasão árabe em 638.

Mesmo o texto *hexaplácico* da Septuaginta sofreu novas deturpações, devido às muitas cópias que se fizeram, de sorte que outras revisões se tornaram precisas então. Das diferentes recensões e edições, feitas antes e depois de Orígenes, possuímos inúmeros manuscritos. Alguns mais ou menos inteiros, escritos em papiro, antes de Cristo. Os manuscritos mais importantes em letras maiúsculas são os mencionados acima, quando se falou do texto original do Novo Testamento, tendo a seguinte abreviação: S, A, B e C.

CAPÍTULO VII

AS TRADUÇÕES ARAMAICAS

Na Palestina, Síria e Babilônia aconteceu, já nos tempos anteriores a Cristo, que o hebraico cedesse lugar ao aramaico, como língua vernácula. A maioria dos membros das comunidades já não entendia o hebraico, tornando-se, por isso, necessário traduzir o Antigo Testamento para o dialeto aramaico respectivo de cada país. Isso se deu a princípio, não por escrito, mas oralmente, pois o leitor na sinagoga traduziu-a logo do texto hebraico para o aramaico enquanto ia lendo, intercalando alguma explicação (paráfrase) assim que julgasse oportuno. Tal tradução recebeu o nome de Targum. Nas diversas escolas dos escribas firmaram-se aos poucos certas traduções, que circulavam entre o povo, sendo umas mais fiéis, outras mais livres. Apenas pelo fim do I século começou-se a fixar por escrito tais traduções orais.

O Targum de mais idade, fixado por escrito, é o de *Onkelos*; é a tradução do Pentateuco. Esta versão é bastante fiel e tem poucas paráfrases. Alcançou muito prestígio entre os judeus, entrando na Massorá e recebendo a pontuação.

De data um pouco mais recente, deve ser o Targum de Jonatan, referente aos profetas. Contém muitas paráfrases de caráter devoto.

Conhecemos ainda alguns outros Targumin. Do Targum mais espalhado, no tempo de Jesus, na Palestina, o assim chamado Targum palestinense, até há pouco, só possuíamos fragmentos reduzidos. Por isso chamavam-no de "Targum de fragmentos". Este nome, porém, hoje em dia já não se justifica mais, porquanto, em 1954 num código da Biblioteca Vaticana, achou-se quase inteiramente este Targum, até agora despercebido. Apresenta, contudo, muitas variantes de caráter piedoso. Se de uma parte se torna menos interessante para a crítica do texto, por outra, adquire valor para quem estuda o Novo Testamento, já que temos aí o texto mais extenso na língua pátria de Jesus e dos Apóstolos, isto é, no dialeto aramaico palestinense.

Para a crítica do texto é ainda importante o Targum samaritano, que é uma tradução do Pentateuco samaritano no dialeto samaritano--aramaico.

CAPÍTULO VIII

OUTRAS VERSÕES ORIENTAIS

Os habitantes aramaicos nas regiões da Síria e do Iraque atual, que se tinham convertido ao cristianismo, desenvolveram o seu dialeto de tal forma que veio a constituir uma língua própria, mais culta, com escrita própria também. É a língua síria.

No tempo de Cristo, havia entre os sírios notável movimento de proselitismo judaico. Talvez remontem, a estes tempos, os inícios da versão síria do Antigo Testamento. Em todo caso, existe, a partir do I século depois de Cristo, uma tradução síria da Bíblia, feita do Antigo Testamento, sobre o texto original hebraico. Foi, universalmente, aceita pelos sírios cristãos, sendo por isso chamada de "universal", em sírio: *Peschitta.* É uma das melhores traduções do Antigo Testamento. A linguagem da Peschitta veio a tornar-se a língua pátria dos sírios. Esta tradução, ainda hoje em dia, constitui a Bíblia síria, usada na liturgia. Como tradução que era do hebraico, restringia-se, a princípio, aos livros protocanônicos. Os livros deuterocanônicos e o Novo Testamento, só alguns séculos mais tarde, entraram na Peschitta, sendo tirados de outras traduções sírias. Pelo ano 172, um certo Taciano elaborou unia concordância dos evangelhos em língua síria, o assim chamado *Diatéssaron* em que nos deu, à mão dos quatro evangelhos, uma descrição coerente da vida de Jesus. Desde o século terceiro, existe uma tradução dos evangelhos, separadamente. Só no século quarto, teve início a tradução de todo o Novo Testamento, depois incorporado à Peschitta. Os cismas na Igreja síria deram ocasião a que se fizessem ainda outras traduções, as quais também tiveram por base a Bíblia, grega, no que se refere ao Antigo Testamento.

Os demais povos orientais, convertidos ao cristianismo, tiveram, posteriormente, todos sua edição bíblica especial. Em geral trata-se de retraduções do grego, às vezes também da Bíblia síria; as mais notáveis são:

a) diversas versões *cópticas* do II e III séculos;

b) a versão *etíope* do IV e V século;

c) a versão *gótica* do bispo ariano Úlfilas (pelo ano de 380);

d) várias versões *armênias* desde o século quinto;

e) a versão *geórgica* desde o século quinto;

f) a versão em *eslavo-antigo* dos apóstolos dos eslavos São Cirilo e São Metódio (pelo ano 850), ainda hoje, em dia usada na liturgia dos eslavos orientais e meridionais.

CAPÍTULO IX

A BÍBLIA LATINA

Não possuímos notícias exatas sobre o começo da tradução latina. Em Roma, só bem mais tarde sentiu-se a necessidade de tal versão, visto que aí se falava o grego por muito tempo ainda. Outra foi a situação na África e Espanha, onde a língua grega era quase ignorada. Aqui, logo depois do início da evangelização, surgiu o problema da tradução latina. Até hoje, porém, não sabemos ao certo quando e onde se fez tal tradução, até nem sabemos com segurança se, em diversos lugares, houve traduções diferentes, simultaneamente, ou se houve apenas uma que, posteriormente, se tornou a predominante na parte do Império Romano, onde falavam o latim. Já os mártires de Scili na África, pelo ano 180, tiveram consigo rolos, contendo textos bíblicos. Por se tratar de gente simples do povo, é de supor que os textos estivessem escritos em latim.

Os primeiros indícios certos da existência de uma versão latina temos em Tertuliano e Cipriano, isto é, do III século. Contudo, já Santo Agostinho se queixa de que os "intérpretes", os tradutores latinos são incontáveis, e por isso mesmo, reinava grande confusão a respeito dos textos bíblicos. Ele mesmo recomenda a seus leitores a usarem a Ítala. Infelizmente, não sabemos se se tratava apenas de várias edições, embora algo divergentes de uma padronizada ou se eram traduções inteiramente independentes entre si.

Daí será melhor usarmos para a Bíblia latina antiga a expressão *Vetus Latina*, isto é, a edição latina antiga, e deixando aberta a questão de que se houve várias traduções independentes ou apenas uma. Contudo, parece bem provável terem existido umas versões anteriores, tanto na África como na Espanha e na Itália, ao menos quanto ao Novo Testamento e alguns livros do Antigo, como os Salmos, por exemplo.

Certamente era a *Vetus Latina* uma tradução sobre a base grega. Era, pois, quanto ao Antigo Testamento; uma retradução, feita da

Septuaginta. Infelizmente temos disso apenas fragmentos, embora numerosos, que precisam ser penosamente colecionados e ajuntados. A primeira coleção deste gênero foi efetuada, entre os anos 1743-1749, pelo padre francês Pedro Sabatier, da Congregação dos Maurinos. O fundamento de uma nova coleção foi colocado por João Denk (m. 1927), cura duma paróquia de Munich. Conseguiu aprontar mais de um milhão de fichas, que foram agora entregues à abadia de Beuron, onde os beneditinos as aproveitam para a nova edição da *Vetus Latina*, que está a sair do prelo.

Devido à confusão reinante a respeito dos textos bíblicos latinos, o papa Dâmaso I (366-384) decretou no século IV uma revisão eficiente, a fim de que a Igreja Latina tivesse à mão um texto uniforme. Encarregou São Jerônimo, afamado por sua erudição e pelos prolongados estudos bíblicos. Ele devia rever e corrigir a Ítala, confrontando-a com a Bíblia grega. Já em 383 apresentava ele o texto corrigido do Novo Testamento. Procurou, enquanto possível conservar o antigo texto latino, corrigindo, apenas, erros manifestos, ou eliminando incorreções estilísticas. Logo em seguida corrigiu o saltério, confrontando-o com bons manuscritos da Septuaginta. Em 384 também isso estava concluído. Até há pouco, era opinião geral que o saltério, corrigido por São Jerônimo, fosse o assim chamado *Psalterium Romanum*, o qual foi usado para a maioria dos textos de salmos em nossos missais, e que hoje ainda é recitado pelos cônegos de São Pedro. Hoje, porém, muitos sábios julgam que o saltério de São Jerônimo se perdeu e que o *Psalterium Romanum* pertença à *Vetus Latina*, anterior a São Jerônimo.

Tão logo tinha concluído a edição do saltério (384), viajou São Jerônimo para a Palestina, a fim de consultar, para seus trabalhos ulteriores, a *H*éxapla de Orígenes. Aí ele notou ser necessária outra revisão do saltério, tendo como ponto de referência o texto da *H*éxapla de Orígenes. Em 387 também este trabalho estava acabado, e esta edição granjeou logo muita simpatia, obtendo boa acolhida em toda a Igreja latina. Já que ela conseguiu suplantar, na Gália, isto é, na atual França, as outras traduções dos salmos, achando depois a preferência no reino dos francos, ela é chamada *Psalterium Gallicanum*. Entrou em nossos breviários e, mais tarde, tornou-se o saltério oficial da Liturgia para toda a Igreja, com exceção do cabido de São Pedro em Roma. Somente desde 1945 é o *Psalterium Gallicanum*, aos poucos, substituído por outra tradução, feita a mandado de Pio XII, isto é, pelo *Psalterium Pianum* ou *Psalterium Vaticanum*.

Depois da conclusão do saltério, Jerônimo reviu outros livros do Antigo Testamento, tudo de acordo com a Septuaginta, menos o Livro de Daniel que ele confrontou com a edição de Teodocion. Desta revisão só se conservaram os livros deuterocanônicos, 1 e 2 Mac, Bar, Sab, Eclo, uma vez que ele depois não se ocupara mais com estes livros. Tais livros foram incluídos na sua última revisão, na *Vulgata*.

Quanto mais o grande doutor se ocupava na Palestina com a Bíblia hebraica — pois que aprendera a fundo o hebraico com auxílio de professores judeus — tanto mais sentia vontade de traduzir o Antigo Testamento segundo a *hebraica veritas*, segundo "a verdade hebraica", isto é, diretamente do hebraico. Já em 390 aprontara os Livros dos Reis. No ano seguinte editou o saltério pela terceira vez, agora segundo o texto hebraico: é o *Psalterium iuxta Hebraeos*, do qual possuímos vários manuscritos completos. Mas este saltério não foi aceito universalmente e não entrou na Vulgata. Isto é lamentável por se tratar de uma versão bem fiel e em bom latim, apresentando várias vantagens sobre o *Psalterium Gallicanum*. Até o ano 405, fora concluída a nova tradução dos livros deuterocanônicos. Seguiram-se, então, os livros de Tobias e Judite, segundo a base aramaica, e os trechos deuterocanônicos de Daniel e Ester, segundo a base grega.

São Jerônimo mesmo confessa ter traduzido certas partes da Bíblia de maneira muito rápida e superficial. Não obstante, devemos dizer que trabalhou muito conscienciosamente. Usou bons manuscritos hebraicos e gregos e a tradução representa um dos melhores trabalhos deste gênero da antiguidade. A Igreja latina, com muita razão, aceitou esta tradução do Antigo Testamento. Rejeitou, infelizmente, o *Psalterium iuxta Hebraeos*, bem como a revisão do Novo Testamento. Sua Bíblia oficial para a liturgia é a Vulgata. Não há motivos, como alguns zelosos exagerados querem, de substituí-la por nova tradução moderna. Só se impunha a nova versão do saltério, feita em 1945, porque o *Psalterium Gallicanum* apresentava realmente grandes falhas lingüísticas e porque o *Psalterium iuxta Hebraeos* não tinha entrado no uso tradicional da Igreja.

À Vulgata coube a mesma sorte da Septuaginta e da *Vetus Latina.* Quanto mais se propagava e copiava, mais se multiplicavam os erros dos copistas.

Faziam-se até correções pouco felizes. Desta forma apresenta o texto da Vulgata uma história quase tão complicada como a do original das antigas traduções. Pelo fim da Idade Média e no começo da

Idade Nova, apareceram ainda outras traduções do original, contribuindo para aumentar a confusão em torno do texto latino da Bíblia.

Por este motivo, viu-se o Concílio de Trento na contingência de decidir algo referente ao uso do texto latino bíblico. Na quarta sessão do dia 8 de abril de 1546, o Concílio deu as seguintes importantes determinações:

> 1) O decreto sobre a extensão do cânon, a que já nos referimos;
>
> 2) O decreto que declara a Vulgata como autêntica entre os vários textos latinos da Bíblia;
>
> 3) O decreto referente à edição oficial da Vulgata.

Maior interesse para nós oferece o decreto relativo à autenticidade da Vulgata. Ele determina

> "que justamente esta antiga e universalmente propagada edição (*vetus et vulgata editio*), reconhecida na Igreja por longo uso de tantos séculos, seja tida como autêntica em preleções públicas, discussões, pregações e conferências, de modo que ninguém, sob qualquer pretexto, ouse ou presuma rejeitá-la" (EB 61).

Este decreto foi freqüentemente mal interpretado, como se para a Igreja o texto original não fosse normativo, e que somente a Vulgata fosse considerada como a Bíblia dos católicos. Dos relatórios, porém, do Concílio claramente se evidencia que a questão não era de preferir a Vulgata ao original, mas se tratava de saber:

> a) qual, entre as edições latinas de então, seria reconhecida, oficialmente, na liturgia, nas escolas e nas discussões teológicas;
>
> b) qual das traduções latinas reproduziu o texto inspirado de tal forma, que se pudesse seguramente confiar em seu caráter de revelação sobrenatural.

Todas as dúvidas sobre a interpretação desta determinação do Tridentino foram afastadas, pela encíclica bíblica de Pio XII, que assim escreve:

> "No uso do texto original, criteriosamente apresentado, ninguém deve ver uma falta contra as sábias prescrições do Concílio de Trento sobre a Vulgata latina. Pois, de acordo com

> as fontes históricas, consta terem os presidentes do concilio recebido a incumbência de, em nome do sagrado sínodo, pedir ao papa que se apresentasse primeiro e depois editasse um texto latino melhorado, enquanto possível, depois também um texto grego e um texto hebraico. Se o Concílio de Trento queria fosse a Vulgata aquela tradução latina que todos usariam como autêntica, então, como todos sabem, vale esta determinação, somente, para a Igreja Latina, referente ao uso oficial da Sagrada Escritura. A autoridade e a importância dos textos originais, disso não se duvida, não são de forma alguma diminuídas. Pois não se tratava então dos textos originais, mas sim, das traduções latinas em circulação. Entre estas, ela devia ter a primazia, consolidada que estava na Igreja pelo longo uso através de muitos séculos. Este uso prolongado demonstra que ela, assim como a Igreja a entendeu e a entende, está isenta de qualquer erro em assuntos de fé e de costumes, de maneira que ela pode ser usada, conforme atesta a Igreja ela mesma, em disputas, preleções e pregações, seguramente e sem perigo de errar. Esta não é, portanto, em primeira linha, uma autenticidade crítica, mas antes jurídica. Por isso, a autoridade da Vulgata não proíbe, de forma alguma, de, em questões de doutrina eclesiástica, demonstrar e confirmar esta mesma doutrina também pelo texto original, mas até quase o exige. Tão pouco ela proíbe de utilizar eventualmente os textos originais, para elucidar melhor o verdadeiro sentido da Sagrada Escritura. O decreto do Concílio de Trento também não se opõe a que se façam traduções para o vernáculo, partindo do original mesmo, e isto para o uso e proveito dos fiéis e uma mais fácil compreensão da palavra de Deus" (EB 549).

Só no ano de 1592 executou-se o decreto do Concílio de Trento, relativo à edição de um texto autêntico da Vulgata. Apareceu, afinal, a edição oficial da Bíblia latina, conhecida com o nome do Sixto-Clementina, e que, até hoje, é reimpressa nas edições costumeiras. Pio X, por fim, incumbiu a Ordem Beneditina, em 3 de dezembro de 1907, de preparar nova edição crítica da Vulgata. Em 1933 recebeu a Comissão encarregada deste trabalho uma nova sede: a abadia São Jerônimo, perto de Roma. Já desde 1926, estão saindo volumes e volumes desta monumental obra.

CAPÍTULO X

RESULTADOS DA CRÍTICA DOS TEXTOS

Acabamos de lançar um olhar sobre a história bastante confusa dos textos e obtivemos uma idéia sumária dos principais manuscritos da Bíblia. Não raras vezes levanta-se a objeção de que as discussões científicas sobre o texto bíblico não passariam de mesquinhas intrigas e sutilezas pouco proveitosas para a teologia e a cura pastoral. Todavia, esta objeção é injustificada. Só o estudo crítico do texto nos devolverá o texto verbal inspirado da Bíblia, corrompido no correr do tempo por falhas e defeitos. O trabalho para obter um texto purificado, o mais possível, não é sem esperança. A ciência da crítica do texto estatuiu, com o tempo, certos princípios bem comprovados que lhe permitem confrontar as diversas variantes dos manuscritos, comparando-as entre si para determinar sua maior ou menor fidelidade. Tais regras são, por exemplo:

a) Uma variante mais difícil deve ser preferida, na maioria dos casos, à outra mais fácil; pois o copista tende antes a tornar mais fácil um texto difícil, do que tornar menos compreensível um texto fácil.

b) Uma variante mais breve deve ser preferida à outra mais comprida; pois, ao copiar, existe a tendência de acrescentar uma explicação a um texto difícil.

c) Uma variante é tanto mais verossímil, quanto mais cabalmente demonstrar as deficiências de outras variantes.

d) Uma variante que sugere certas tendências ou aparenta ser uma correção, feita a propósito, deve ser rejeitada.

e) Uma divergência no texto que coincida com outro texto semelhante em outras passagens bíblicas, parece ser uma harmonização forçada, e é sem valor para a crítica do texto.

f) A variante de um manuscrito, mal ou superficialmente elaborado, torna-se, ao menos, suspeita.

g) A variante que reúne a maioria de comprovantes iguais merece ser preferida à outra, menos bem documentada.

Com a ajuda destes critérios e considerando atentamente todos os pontos de vista, pode o exegeta com alguma segurança considerar como inspirado o texto assim examinado. Embora não se conseguisse até agora esclarecer todas as variantes, podemos, contudo, dizer, em boa fé, que o texto da Bíblia foi fielmente transmitido ou ao menos poderá ser reconstruído. A Bíblia, como fonte de revelação para a nossa fé, é suficientemente garantida no que se refere ao texto inspirado. Assim, por exemplo, calculou-se que, no Novo Testamento, apenas a milésima parte conta como insegura. Quanto ao Antigo Testamento, com efeito, a porcentagem será maior. Mas entre as passagens menos garantidas figuram poucas de importância para a teologia. As verdades sobre a fé e a moral acham-se enunciadas não apenas em uma, mas em geral em várias passagens, havendo quase sempre a possibilidade de confrontar e esclarecer uma passagem menos segura com outras passagens. Podemos, por conseguinte, constatar: A Bíblia conservou-se intacta, se não em tudo, ao menos nos textos essenciais para a fé e a moral. A integridade do texto chamam os cientistas de integridade crítica, aquela do conteúdo é chamada integridade dogmática. Desta última hoje já temos toda a certeza; reconstruir a primeira será a tarefa de trabalhos científicos. Embora esta meta até agora não tenha sido atingida, e talvez nunca o possa ser plenamente, conseguiram os especialistas avançar muito nesta direção.

Desta forma, também o trabalho árido e abnegado do crítico do texto afinal não só beneficia a teologia, mas também a piedade, a cura pastoral e portanto a alma dos homens. Podemos apoiar as palavras do sábio anglicano F. J. A. Hort, quando diz: "Tudo o que ajuda nossa compreensão (da Bíblia) ajuda também à piedade e aos trabalhos (pastorais)". Pio XII se manifesta assim sobre o estudo crítico dos textos:

> "O estudo crítico dos textos conseguiu hoje em dia tal estabilidade e segurança nos seus critérios, que se tornou um instrumento excelente para poder editar, de maneira mais precisa e purificada, a Sagrada Escritura. E para descobrir, por outro lado, facilmente qualquer abuso. Não é necessário lembrar aqui... quanto a Igreja estimou, desde o início tal estudo. Este trabalho prolongado não só é necessário para entender

retamente as Sagradas Letras, oriundas de inspiração divina; ele também constitui — e todos devem sabê-lo — um dever imperioso de gratidão que devemos à divina Providência por ter mandado estes livros qual carta enviada pelo Pai aos filhos lá do trono de sua majestade" (EB 548).

PARTE V

O SENTIDO DA BÍBLIA

Esclarecido, com certa segurança, o texto verbal da Bíblia, surge a pergunta: O que quer o texto dizer-nos? O conteúdo das idéias comunicadas pelo autor, chamamos o *sentido* do livro. À semelhança de outros livros, podemos também na Bíblia perguntar por seu sentido. A ciência dedicada a descobrir o sentido da Bíblia e a elaborar normas segundo as quais deverá ser procurado, chama-se hermenêutica bíblica. O termo vem da palavra grega *hermeneus,* intérprete. É, pois, a ciência que ensina a "interpretar" corretamente a palavra de Deus, tornando-a compreensível aos homens de cada época. Não nos é possível, nos moldes deste livro, dar uma hermenêutica completa. Apenas podemos indicar alguns pontos essenciais.

CAPÍTULO I

SENTIDO LITERAL E SENTIDO PLENO

Os teólogos distinguem na Bíblia um sentido verbal ou literal (em latim: *sensus litteralis*), um sentido espiritual (*sensus spiritualis*), um sentido típico (*sensus typicus*) e desde há pouco, também um sentido pleno (*sensus plenior*). No que se refere à definição e também à relação recíproca deste "sentido", há divergências de opiniões. Uns aceitam na sagrada Escritura vários sentidos diferentes, mormente o sentido "verbal" ou literal, proveniente elo autor humano e outro espiritual, proveniente de Deus. Outros acham que há propriamente um único sentido na Bíblia, aquele justamente que Deus intencionou. A discussão acerca desta questão se acendeu principalmente em países românicos, aduzindo-se distinções sutis e, às vezes, irrisórias, sem que se tenham obtido resultados, universalmente, aceitos.

Se quisermos contudo aceitar a Bíblia como a palavra de Deus que "se encarnou no livro", e se, como Pio XII, compararmos a origem da Bíblia à encarnação do Verbo, então teremos de aceitar a unidade do sentido da Bíblia. Sendo Deus o autor principal da Bíblia, as palavras, dos escritores humanos tornaram-se também um veículo do que Deus queria dizer. Em outras palavras: Devemos entender o sentido da Bíblia de tal maneira que Deus identifique a sua vontade de comunicar algo com a de Moisés, de David, de Isaías, de Marcos ou de Paulo, ao menos enquanto essa vontade possa ser comunicada aos autores humanos participantes. Então devemos contar que o alcance de uma asserção bíblica pode ser bem maior do que o autor humano pensara ao escrevê-la.

Aproveitando uma comparação já aduzida, podemos talvez explicar a relação existente entre o sentido intencionado por Deus e o sentido dado pelo autor humano, da seguinte forma: Se para a elaboração de um relatório extenso se servir alguém de vários secretários e especialistas, pode suceder que o colaborador individual se desincumba bem de sua tarefa, sem ter noção plena do alcance de suas palavras, no conjunto do trabalho. Talvez não tenha conseguido uma visão do conjunto e da intenção do mandatário, ou apenas a teve imperfeitamente. O superior ao subscrever o relatório elaborado, reconhece-o como expressão de suas idéias. Com isso se identifica com as asserções de seus colaboradores, e confere ao trabalho todo um alcance por eles desconhecido e que só posteriormente podiam concluir do trabalho acabado. De modo análogo, podem as palavras da Bíblia escritas por autor humano, receber uma significação maior, dentro do conjunto da revelação bíblica. Significação essa, ignorada pelo hagiógrafo individual. Enquanto este sentido da Bíblia tiver estado ao alcance do autor humano, será chamado sentido literal ou verbal. O sentido intencionado por Deus, mas oculto ao escritor bíblico que colaborou será chamado sentido espiritual, ou melhor, sentido pleno.

Todavia, não se devem separar, realmente, estes dois sentidos como se fossem inteiramente independentes. A distinção será apenas virtual ou lógica; pois um sentido não existe sem o outro, e ambos perfazem o sentido total da Bíblia. Vamos estatuir as seguintes definições:

> a) O sentido literal na Sagrada Escritura é o inerente às palavras do escritor, dentro do conteúdo imediato do livro.
>
> b) O sentido pleno é propriamente o sentido único da Escritura, enquanto este sentido for por Deus comunicado às palavras, tendo em vista o conjunto da revelação.

A expressão "sentido espiritual" devia ser evitada por ser ambígua. Poderia indicar que só Deus era capaz de conferir às palavras da Bíblia um significado religioso e teologicamente importante. Na realidade, também o próprio autor humano queria escrever um livro religioso e doutrinário.

O sentido espiritual, assim compreendido, deixaria de ser um característico da Bíblia em relação a outros livros. Leitura edificante e instrução teológica também se acham em bons livros religiosos não inspirados. Às vezes, em maior escala do que em certas passagens bíblicas: Assim, por exemplo, a leitura da "Imitação de Cristo" é mais apta para "edificar" e instruir teologicamente do que as listas das cidades em Jos 12-21.

O sentido típico não é um sentido especial da Sagrada Escritura, mas é o mesmo sentido pleno sob certo ponto de vista. Podemos falar do sentido típico quando num acontecimento, num objeto ou numa pessoa, referidos na Bíblia, se descobrir, como que vagamente delineado e indicado, algo que só em campo sobrenatural e num grau mais adiantado da revelação se torna plenamente conhecido e realizado. A imagem, ainda imprecisa, chama-se *tipo* e a realidade a que se refere é chamada *antítipo*. Desta forma, podem certos acontecimentos, objetos e pessoas do Antigo Testamento possuir um sentido típico que Deus lhes deu, talvez ainda não percebido pelo autor humano por delinearem só leves traços. Traços esses que em acontecimentos, objetos ou pessoas do Novo Testamento se tornariam bem nítidos. Por sua vez, podem certos acontecimentos do Novo Testamento indicar futuras realidades, plenamente desvendadas só com a vinda de Cristo, no fim dos tempos. O sentido típico, assim entendido, recebe, às vezes, não sem motivo, a designação de sentido *anagógico*, isto é, sentido que tende a evoluir para o alto.

A estas definições sobre o sentido próprio da Escritura corresponde, por parte do leitor, a compreensão da Escritura.

Ao tratar-se de uma obra literária profana, acontece, às vezes, que o sentido da mesma é percebido só imperfeitamente. Aos poucos, o leitor compenetra-se melhor da idéia, devido ao estudo prolongado e à leitura repetida. Não é sempre fácil para o escritor vazar em palavras aquilo que ele quer dizer. Por isso existe o perigo de ser mal interpretado e as suas palavras podem possuir dimensões de profundidade que um leitor percebe mais, e outro menos. Isso não quer dizer que sua obra não seja compreendida por todos, ao menos de algum modo. Também um jovem ou uma pessoa rude achará algum sentido, de acordo com sua capacidade, num drama, por exemplo, de Shakespeare, ou numa poesia de Goethe, embora não possa apreciar tanto a idéia do poeta como um homem de cultura acadêmica. Caso análogo se dá com a compreensão da Bíblia.

Mesmo no tocante ao sentido literal apenas, apresentam os livros bíblicos tal riqueza de conteúdo, que nem sempre o homem moderno o pode assimilar perfeitamente. Não obstante isso, achará também o simples leitor, desprovido de cultura especial, ricos ensinamentos e tesouros religiosos e literários inesgotáveis, ao menos em alguns livros, com tanto que ele faça algum esforço e leia com assiduidade. Por isso, firmou-se a Bíblia, aos olhos de todos que têm capacidade de apreciar belezas literárias e que conservam interesse por questões religiosas e históricas, como um livro interessante e cheio de ensinamentos, digno de ser perscrutado. Isso não só entre cristãos e judeus, como também entre pagãos e incrédulos.

Acresce, ainda, que o sentido pleno, posto pelo autor divino nas palavras da Sagrada Escritura, confere a elas uma riqueza de conteúdo e uma dimensão de profundidade, que o homem como leitor ou ouvinte, por ai só, não poderá sondar suficientemente. Para tanto, precisaria de uma capacidade receptiva, correspondente à plenitude do sentido da Escritura, isto é, à fé. Esta fé foi por Deus dada a "seus filhos" a quem deu a Bíblia "qual carta, que o Pai enviou do trono de sua majestade". Para abrir toda a riqueza de pensamentos, latente na Bíblia, aos homens de boa vontade, Deus confiou a explicação da mesma à Igreja, guiada pelo Espírito Santo. Somente o homem, iluminado sobrenaturalmente pela fé, está em condições de captar o sentido pleno da Bíblia, e somente a Igreja, guiada pelo Espírito Santo, pode descobri-lo com segurança e propô-lo, sem erro, aos fiéis.

CAPÍTULO II

AS PARTICULARIDADES DO SENTIDO LITERAL

O axioma teológico: "A graça supõe a natureza" pode ser aplicado ao sentido da Escritura desta forma: O sentido pleno supõe o sentido literal. Com outras palavras: A compreensão do sentido pleno só é possível após um estudo profundo e uma elucidação nítida do sentido literal. Daí as palavras de Pio XII na sua encíclica bíblica:

> "Munido com a perícia nas línguas antigas e com os auxílios da crítica do texto, deverá o exegeta católico encetar a mais importante tarefa a ele confiada, procurar e esclarecer o verdadeiro sentido dos Livros Sagrados. Nisso os explicadores terão em vista que o primordial e mais importante cuidado deles deverá ser distinguir, claramente e determinar qual o sentido literal das palavras bíblicas. E esse sentido literal das palavras deverá estudar com grande cuidado, utilizando o conhecimento das línguas, fazendo o estudo do contexto e comparando-o com outras passagens" (EB 550).

Mesmo em obras literárias profanas acontece não ser o sentido literal sempre idêntico ao sentido verbal de uma frase, de uma passagem no seu uso cotidiano; poderá haver um sentido metafórico.

Ora, na Bíblia há muitas figuras retóricas, entre as quais também metáforas, onde o sentido real é substituído por outro semelhante, figurado. Eis algumas figuras retóricas, mais encontradas na Bíblia:

A *metáfora simples* é uma comparação breve, designando algum objeto com uma palavra que não lhe convém em sentido próprio, empregada apenas por causa de certas semelhanças. Assim pode-se chamar, por exemplo, a Deus ou ao rei de "pastor", ao templo de "tabernáculo", a um guerreiro valente de "leão", a Deus de "meu rochedo".

A *sinédoque*, isto é, a designação do todo por suas partes. O poeta da Bíblia diz, por exemplo, "as portas", em vez de cidade, ou "minha alma", em vez de "eu", que exprime a pessoa toda ou ainda "Sião", para designar toda a cidade de Jerusalém, uma vez que no monte Sião se acha *o* santuário característico da cidade, o templo.

A *metonímia* é a designação de um objeto por outro de certa relação com o mesmo. Assim, por exemplo, bebe-se o "cálice", pensando naturalmente naquilo que esta dentro do cálice. Cristo mesmo diz de si: "Eu sou a ressurreição e a vida", porque é Ele que traz estes bens.

A *antonomásia* substitui o nome próprio por uma qualidade notável que alguém possui. Assim Cristo, e também o rei legítimo no Antigo Testamento, é chamado de "o ungido", o povo de Israel, ou um homem de Deus de "o servo de Deus".

É muito característico para a Bíblia o uso da ênfase e da hipérbole. A ênfase exprime um sentido mais rico que de ordinário a palavra tem na vida comum. Assim os termos "vida" e "morte" significam nos textos bíblicos não apenas a vida e a morte física, mas a união intima ou a separação de Deus. No Antigo Testamento isso se refere também à vida presente, no Novo Testamento à vida futura. Um conteúdo muito rico se encerra no termo "palavra" ou "verbo" (em hebraico *dabar*, em grego *logos*). Pode significar: coisa, acontecimento, história, pensamento, fundamento, e, no Novo Testamento exprime até o Verbo pessoal preexistente, o Filho de Deus.

Fato semelhante se dá com as expressões: "benevolência", "conhecer", "semente", "nome", etc. A hipérbole é uma locução empolada muito usada pelos orientais. O poeta bíblico fala dos montes que "saltam" e dos astros que "batem palmas"; ele espera que "as colinas sejam abaixadas e os vales preenchidos" diante dos israelitas retornando à pátria. A cidade de Nínive é tão grande que são precisas "três jornadas" para chegar ao centro da cidade, e o dilúvio, naturalmente, cobre "toda a terra".

Ações ou *representações simbólicas* indicam algo não perceptível aos sentidos. Para esse fim usa-se de coisas concretas, ações visíveis ou então de imagens representadas na fantasia. O jugo sobre os ombros de Jeremias é uma imagem da iminente escravidão do povo de Judá e de seus aliados. Purificação e batismo são símbolos da purificação da alma. O homem que pisa o lagar, segundo Is 63, é símbolo impressionante do divino Juiz. Grande importância têm no Antigo Testamento e no Apocalipse de São João os números simbólicos, cujo significado não mais conhecemos. Em todo caso, os algarismos 3 e 7 são números sagrados, enquanto 4 e 10 exprimem o todo, a plenitude. O valor simbólico desses números é aumentado por adição ou multiplicação.

A *parábola* constitui uma metáfora ampliada, uma comparação que, por meio de imagens concretas e vivas, descreve algo de espiritual. Não se deve querer interpretar todas as minúcias, por exemplo, perguntar por que se fala de porcos, na parábola do Filho Pródigo, ou por que se mencionam os cegos e os moucos na parábola do banquete. É necessário atender à intenção do autor, expressa pelo conjunto da narração. Outro tanto se dá com a alegoria, que é um símbolo ampliado. Tira suas imagens, principalmente, da fantasia, fazendo, por exemplo, falar os animais e plantas ou conferindo às coisas uma forma irreal e grotesca (animais com sete chifres, com quatro ou mais cabeças, com inúmeros olhos pelo corpo, etc). Cada imagem empregada quer exprimir uma realidade espiritual. Exemplos clássicos de alegorias temos em Ez 17 e em muitas cenas do Apocalipse. Contudo, nem sempre apresenta a Bíblia uma distinção nítida entre parábola e alegoria.

Muito importante para a compreensão do sentido verbal da Bíblia seria o conhecimento da psicologia dos semitas e de sua mentalidade daí decorrente. Tudo isso para nós ocidentais é em parte bastante estranho e infelizmente não se podiam fazer os necessários estudos neste terreno. Apontaremos só alguns fatos, rapidamente.

Já no capítulo referente à língua hebraica, dissemos que o tempo ocupa um lugar menos importante na mente hebraica e que os semitas dão mais relevância às atitudes e aparências do que a essência das coisas e pessoas. Com isso se relacionam as rudes expressões antropomórficas e antropopáticas dos autores bíblicos em relação a Deus, fato que é bastante estranho para nós. Outro traço bem característico é o pensamento global, por assim dizer, isto é, um povo inteiro ou um estado é julgado conforme um único representante, ou então um acontecimento, uma pessoa são típicos para longo período histórico. Assim podia-se caracterizar em poucos traços típicos e com algumas linhas genealógicas todo o período da evolução- da humanidade, que vai da criação do homem até Abraão, período que, cientificamente falando, abrange vários milênios. Assim pôde também Jesus dizer, em Jo 8, 56, que Abraão "viu o seu dia e se alegrou", porque com o nascimento de Isaac começaram a realizar-se as promessas messiânicas, que tiveram seu cumprimento total em Cristo. Os escritores israelitas gostam de utilizar, nas suas narrações, certas unilateralidades, repetições, paradoxos, exageros, que ninguém tomou por mentira ou falta à verdade, mas apenas eram considerados como meios dramáticos para realçar concretamente um pensamento. Outra nota característica da mentalidade semita é uma certa materialização de processos e forças espirituais, chegando quase a lembrar, às vezes, superstições mágicas. A palavra significa para o semita não apenas uma voz que passa, mas representa uma força benfazeja ou destruidora. Por isso pensam que uma praga ou uma bênção realizam aquilo que exprimem. Da mesma forma são o pecado e a graça forças reais que influem no destino, não apenas de pessoa determinada mas de toda a família e das pessoas relacionadas com ela. Todas estas categorias de mentalidade devem ser consideradas se quisermos entender a Bíblia corretamente.

Importância decisiva tem na Igreja o conhecimento dos gêneros e das formas literárias. Uma poesia é outra coisa do que uma narração em prosa. Uma descrição histórica difere da lenda ou do conto de fada. Cada gênero literário possui suas propriedades estilísticas, seu sentido próprio, sua forma externa e pode ser "situado" em determinado período, isto é, no ambiente cultural-histórico, ao qual deve sua origem. Evidencia-se, assim, que um salmo, produzido pelo poeta em certa fase da vida, por exemplo numa doença, ou quando restabelecido, deve ser interpretado de outra maneira do que um salmo, escrito como texto para determinados ritos numa festa do templo. Entre estes gêneros literários devemos mencionar os mais importantes:

1) Para a poesia:

a) O canto profano: temos no Antigo Testamento cantos para o trabalho (Nm 21, 17s), cantos de amor (Is 23, 16; Cânt), cantos nupciais (Sl 45), cantos para a bebida (Is 22, 13), cantos para ludibriar (Nm 21, 27-30), cantos para lamentar os mortos (2 Sam 1, 17-27), cantos de orgulho (Gn 4, 23s), cantos heróicos (1 Sam 18, 7).

b) Cantos de combate, por exemplo, Êx 15, 1-18; Juiz 5.

c) Cantos de culto: Hinos (Sl 8; 19; 47; 104;), cantos de agradecimento (Sl 9; 30; 32; 1 Sam 2, 1-10; Lc 1, 46-55; 68-79), cantos de lamentação de um só (Sl 6; 13; 22), cantos de lamentação do povo todo (Sl 79, 80, Lam), cantos de penitência (Sl 51; 130), cantos, para procissão (Sl 15; 24; 134), cantos do Messias-Rei (Sl 2, 72; 110).

d) Poesia sapiencial que compreende certos poemas instrutivos individuais (Sl 1; 37; 119; 127; 128; 131), como também coleções de provérbios (Prov, Ecle), e grandes poemas, focalizando certos problemas (Ecli, Sab, Jó).

e) Considerações poéticas e históricas (Sl 78; 105; 106; 114; Ecli 44-50).

f) Literatura sapiencial: Provérbios (Prov, Ecli), fórmulas de bênçãos e deprecações (Gn 49; Nm 23-24).

g) Literatura profética: Sermões de ameaças e recriminações; palavras de consolo, "confissões", "liturgias proféticas".

Uma nota estilística própria da poesia bíblica é o paralelismo das partes. Quase cada versículo é formado por duas partes, que possuem entre si uma relação lógica e real. O mesmo pensamento, ou é expresso duas vezes com locuções diferentes (paralelismo sinônimo, por exemplo, Sl 3, 2), ou a segunda parte amplia o pensamento da primeira (paralelismo sintético, por exemplo, Sl 3, 5; Lc 1, 76), ou as duas partes apresentam certo contraste (paralelismo antitético, por exemplo, Prov 10, 1; Lc 1, 53). Até agora não foi estudado o ritmo hebraico. Quase não se conhecem na Bíblia estrofes e rimas, mas empregam muito o acróstico, no qual cada verso, ou a metade do verso, começa com outra letra na seqüência do alfabeto hebraico (Sl 111; 112), ou então vários versos seguidos começam com a mesma letra (Sl 119; Sam 3).

2) Para a prosa temos os seguintes principais gêneros literários:

a) Leis, que seguem o esquema: "Se alguém fizer isto ou aquilo, deverá pagar ou sofrer isto ou aquilo" (lei casuística, por exemplo, Êx 22), ou o esquema: "Deves fazer isto ou aquilo, ou deves deixar de fazer isto!" (lei apodídica, por exemplo, Êx 20, 2-17).

b) Documentos e registos: Contratos (1 Mac 8, 22-32), cartas (Jer 29), editos (Esd 4, 17-22; 6, 3-12), registos genealógicos (Gn 5; 1 Crônicas 1-8) e geográficos (Jos 12-21), registos de pessoas (2 Sam 23, 8-39; Ne 7), protocolos para recrutamento (Nm 1).

e) Orações (3 Rs 8, 22-61; Bar 2).

d) Apocalipses, isto é, descrições do fim do mundo em forma de visões (Dan 7-12; Is 24-27; Apoc).

e) Narrações edificantes, comparáveis às novelas históricas (Rut, Tob, Jdt, Est, 2 Mac).

f) Narrações proféticas: (3 Rs 17-19; 4 Rs 2, 1-8, 6; Jon; Dan 1-6).

g) Historiografia religiosa (2 Sam até 4 Rs; 1 Crôn até Ne; 1 Mac; At).

h) Coleções de tradição religiosa (Pentateuco, Jos até 1 Sam).

i) Coleções de tradições proféticas, como nos consta dos livros proféticos do Antigo Testamento. No Novo Testamento temos algo de semelhante nos Evangelhos, enquanto são uma coleção e codificação das tradições que corriam entre os cristãos primitivos sobre a vida e doutrina de Jesus.

j) Epístolas dos Apóstolos.

Nestes gêneros literários da prosa interessa-nos sobretudo saber como se deva interpretar historicamente os gêneros apresentados como historiografia e coleção de tradições. Nas obras históricas propriamente ditas, não se deverá duvidar do caráter histórico. Quanto às tradições proféticas e aos Evangelhos, é preciso saber que a tradição no Antigo Oriente foi muito fiel; por isso não podemos duvidar dos fatos relatados. Quanto às coleções de tradições, transmitidas outrora oralmente, ao menos em parte, o que interessa não é a ordem cronológica, mas a ordem real, objetiva. É-nos bem difícil escrever uma vida de Isaías, de Jeremias ou de Jesus, porque a tradição nos contou das respectivas pessoas muitos acontecimentos, ações e palavras isoladas, mas nos deixou na incerteza quanto à ordem cronológica. Daí sucede que os acontecimentos podem ser bem históricos, sem sabermos algo de certo sobre a sua cronologia.

Mais difícil é a pergunta de como interpretar historicamente as antigas tradições religiosas do Antigo Testamento. É claro que a inspiração não transformou os escritores e colecionadores em modernos historiadores e pesquisadores críticos. Mas ela os preservou do erro, ao menos de tal maneira, que podiam descrever o desenrolar da história religiosa, em traços principais. Com muito mais razão, devemos aceitar a historicidade ao menos nas narrações de acontecimentos decisivos para a história religiosa, muito embora não seja fácil precisar o que seja exatamente mera apresentação popular, ou mera relação passiva de fontes tradicionais, ou ainda historiografia propriamente dita.

O leitor da Bíblia fará bem em ater-se prudentemente à orientação da Igreja. A Comissão Bíblica, numa decisão de 23 de junho de 1905, exige que uma narração nos livros chamados históricos do Antigo Testamento só seja considerada não histórica no caso em que, por argumentos sólidos, se possa provar não ter querido o autor escrever historiografia (EB 161).

Pio XII nos adverte na encíclica *Humani Generis*, do dia 12 de agosto de 1950, a não negar apressadamente qualquer caráter histórico às assim chamadas, "narrações populares".

> "Ainda que os antigos hagiógrafos aproveitassem narrações populares — fato, aliás, bem concebível, — não devemos contudo esquecer que eles agiram assim sob a influência da divina inspiração. Ficaram por isso isentos de qualquer erro na escolha e na apreciação daqueles documentos" (EB 618).

Com referência à história primitiva (Gn 1-11), narrada na Bíblia, onde o problema da interpretação se torna mais difícil, tem a Comissão Bíblica, em carta de 16 de janeiro de 1948, endereçada ao arcebispo de Paris, cardeal Suhard, manifestado o seguinte parecer:

> "A questão sobre o gênero literário dos primeiros 11 capítulos do Gênesis é muito difícil e complicada. Estas formas literárias não correspondem a nenhuma de nossas categorias clássicas e não devem ser julgadas à luz dos costumes literários greco-latinos ou modernos. Não se pode, pois, sem mais nem menos, negar ou afirmar o caráter histórico, sem com isso lhes aplicarmos indevidamente os caracteres de um gênero literário, que propriamente não lhes convém. Embora todos sejam unânimes em não considerar estes capítulos como historiografia no sentido clássico e moderno, contudo é preciso confessar: o atual estado da ciência não permite dar uma solução positiva a todos os problemas apresentados aqui. O primeiro dever da exegese científica será, antes de mais nada, um estudo acurado dos problemas literários, científicos, históricos, culturais, e religiosos, relacionados com aqueles capítulos. Além disso, dever-se-iam examinar os costumes literários dos povos orientais, sua psicologia, sua maneira de expressão e sua

opinião relativa à verdade histórica. Deve-se, pois, colecionar, sem preconceitos, todo o material. Só assim pode-se esperar melhor conhecimento da natureza de certas narrações. Declarar de antemão que tais narrações não transmitem a história em sentido moderno facilmente pode suscitar a impressão de que não têm nada de histórico. No entanto oferecem, numa língua simples e figurada, adaptada à capacidade de uma Humanidade menos evoluída, as verdades fundamentais, que formam a base de economia da salvação, bem como uma descrição popular das origens da humanidade e do povo eleito. A considerar isso, devemos ter paciência, neste caso, equivalente à prudência e à sabedoria da vida" (EB 581).

CAPÍTULO III

AS PROPRIEDADES DO SENTIDO PLENO

A plenitude do sentido, encerrada na Sagrada Escritura, já está contida no sentido literal. Mas transcende-o e só é compreensível pela fé. Chamamos esse sentido de *pleno*. Expliquemos esta definição à mão de alguns exemplos.

Se lermos a frase: "Porei inimizade entre ti e a mulher, entre a tua descendência e a dela. Esta te ferirá a cabeça e tu lhe ferirás o calcanhar" e a considerarmos no contexto imediato da história primitiva (Gn 3, 15), então parece tratar-se de uma etiologia, isto é, uma lenda explicativa da luta perene e encarniçada entre as cobras e as mulheres, respectivamente os homens, luta em que a cobra é mais vulnerável por sê-lo na cabeça. Porém, considerando todo o Livro do Gênesis, notamos ter esse versículo um sentido mais amplo. O autor parece indicar, pela cobra, um outro ser, pelo qual o pecado e a morte acharam entrada na humanidade; o homem, ameaçado pela "cobra", está em condições de esmagar a cabeça dessa força sinistra, por não ter Deus retirado de todo sua bênção. Ainda mais, colocando este versículo, plenamente, no conjunto da história da salvação até o tempo de Cristo, então não será fantasia ver na cobra o antagonista de Cristo, o demônio, e descobrir na mulher, respectivamente, na "descendência dela" (Gn 3), certos traços de Cristo e de sua mãe. Pode-se, pois, interpretar o versículo como sendo o "proto-evangelho", a primeira promessa de salvação. Talvez só no fim dos tempos compreenderemos plenamente esta passagem, quando o Cristo Triunfador julgar "o grande dragão e a antiga serpente" e a sua descendência.

O salmo 45 é por muitos exegetas tido como canto nupcial, feito por algum "poeta da corte" por ocasião de um matrimônio, celebrado na corte de Jerusalém. Este poderia ser de fato o sentido literal. Todavia, não constitui um casamento na corte de Jerusalém um acontecimento profano; é um ato solene e religioso, no qual se realiza a profecia de Natan (2 Sam 7) garantindo a continuidade e a plenitude de bênçãos para a dinastia.

O jovem rei, pois, conduz a jovem esposa a seu lar e o povo pode contar com a continuidade da dinastia, portanto com a ordem e a tranqüilidade, e a bênção que paira sobre o "Ungido". Estes dons e estas bênçãos, tão importantes para o povo eleito, foram muito melhor realizadas no Novo Testamento, graças à revelação sobrenatural pela qual Cristo é o Esposo da Igreja. O homem cristão notará agora que o esposo real do salmo 45 já apresenta traços de Cristo e que a esposa estrangeira daquele cântico tem algo que lembra a Igreja universal. Por isso, interpretará o salmo como messiânico.

Assim também compreenderemos o Cântico dos Cânticos que pertence também ao cânon. Segundo o sentido literal poderá quiçá ser um poema profano de amor da autoria de um poeta israelita. Se Deus, porém, inspirou o autor, certamente não o deixou apenas escrever um poema de amor. Deus quis, por intermédio de expressões da lírica profana, descrever vivamente as relações existentes entre Deus e o povo, entre Cristo e a Igreja, relações cheias de graça e de amor, impossíveis de traduzir-se adequadamente por meios literários.

Desta forma poderia o homem, baseado em sua própria experiência e no seu estado de alma, adivinhar, aproximadamente, quão rica e cheia de vivência seria esta relação sobrenatural.

Muitas vezes nos admiramos do caráter bastante material, dos bens prometidos no Antigo Testamento, aos patriarcas, e ao povo. Não ouvimos nada do reino dos céus, da vida eterna, da "visão" de Deus e coisas semelhantes e sim, de muita descendência, rebanhos numerosos, campos férteis, colheitas cêntuplas, presa imensa de guerra, paz idílica e bem-estar. O Novo Testamento coloca os bens prometidos no mundo do além, fala ainda, de alguma maneira "materialista" do banquete, de música celestial, de cânticos e tronos, de vestes brancas. O homem do Antigo Testamento nem poderia imaginar bens transcendentais. Deus, para lhe fazer compreender sua bondade e amor, devia falar-lhe numa linguagem ao seu alcance. Contudo manifestam estas promessas o mesmo espírito das do Novo Testamento. Ainda que os fiéis do Antigo Testamento só pensassem em descendência e bens materiais, sendo essas as promessas feitas a eles, não serão decepcionados, quando, na realidade do além, virem uma realização mais abundante daquelas promessas. Para nós cristãos, essas promessas "materialistas" não deixam de possuir um significado muito grande, a ponto de despertar em nós o desejo de bens maiores e mais sublimes na pátria celeste. É que não devemos prender-nos às palavras, mas considerar o espírito nelas latente.

A certos fatos, coisas e pessoas calha bem na Bíblia o assim chamado *sentido típico*. Alguns exemplos poderão prestar explicação:

Por ocasião do salvamento de Noé das águas do dilúvio e na passagem dos israelitas pelo Mar Vermelho, Deus manifestou algo de seu poder salvífico e de seu amor condescendente. São qualidades que atuam justamente também no batismo. Desse modo são esses acontecimentos do Antigo Testamento um tipo do batismo.

A Moisés, aos Juízes, ao "servo de Javé" em Is 53, ao misteriosamente transpassado em Zac 12, 10, Deus comunicara algo daquele espírito e da força salvadora que só em Cristo se manifestarão plenamente. Por isso, reconhecerá o cristão fiel naqueles homens de Deus do Antigo Testamento "imagens", tipos de Cristo.

Assim podemos ver em Eva, "a mãe dos viventes" nas grandes ancestrais de Israel, na filha virginal de Jefté, toda estregue a Deus, em Débora, "mãe em Israel" nas heroínas Jael e Judite e em Ester suplicante, podemos divisar algo daquela maternidade vivificante, da entrega virginal a Deus e da força suplicante, manifestada tão harmoniosamente em Maria, a Mãe virginal de Jesus.

Por este motivo viram os Santos Padres e a liturgia, nessas matronas da Antiga aliança, "imagens e figuras" de Maria.

Também o sagrado tabernáculo do deserto, o Monte de Sião com o templo, a cidade santa de Jerusalém, a sala da última ceia de Jesus e a sala na qual Maria e os apóstolos esperavam o Espírito Santo, são imagens, tipos da Igreja, na qual todos os eleitos esperam a salvação.

São ainda, juntamente com a Igreja, imagens do futuro reino de Deus.

Ao procurarmos na Bíblia o sentido pleno e a interpretação típica, mister se faz usarmos de certa prudência. Um pregador, dotado de fantasia, ou um leitor, inclinado à imaginação, facilmente descobrirão pensamentos inexistentes na Sagrada Escritura ou colocarão nela um sentido misterioso, sem haver fundamento para tanto. Por isso convém não aceitar, além do sentido literal, um sentido pleno ou típico, a não ser que isso nos seja sugerido ou garantido pela própria Bíblia. Por exemplo, tal sucede quando o Novo Testamento aplica uma passagem do Antigo Testamento a Cristo ou à Igreja, ou seja sugerido ou garantido pelos Santos Padres, pela liturgia ou por uma declaração oficial da Igreja, como seja num texto dogmático ou numa encíclica papal. Interpretar demais a Bíblia, às vezes, é mais nocivo do que interpretá-la de menos. A esse respeito disse Pio XII mui acertadamente o seguinte, na sua encíclica bíblica:

> "Com especial cuidado deverão os exegetas estar atentos, não apenas a explicar coisas referentes à história, à arqueologia, à filosofia e ciências congêneres. Antes de tudo, demonstrarão qual o conteúdo doutrinário e teológico dos diversos livros e textos em relação a questões de fé e de moral. Desta forma deverão suas explicações aproveitar não só aos teólogos na explanação e argumentação das verdades da fé. Deverão servir, outrossim, aos sacerdotes que anunciam a doutrina cristã ao povo, bem como ajudar a todos os fiéis a levar uma vida santa. Se os exegetas católicos derem uma tal explicação, reduzirão eficazmente ao silêncio aqueles que, sempre de novo, afirmam não acharem nos comentários bíblicos quase nada que eleve o espírito a Deus e que aproveite à alma e à vida interior, obrigando-os, afirmam, a recorrer uma explicação espiritual, ou mística como dizem.
>
> É certo que o sentido espiritual não deve ser excluído da Sagrada Escritura sem mais nem menos. Palavras e acontecimentos do Antigo Testamento foram por Deus assim dispostos e ordenados para que o passado viesse espiritualmente indicar aquilo que se realizaria na Nova Aliança da graça. Assim como o exegeta deve procurar e esclarecer o sentido literal das palavras deverá também indagar do sentido espiritual, enquanto constar, suficientemente, que Deus de fato deu esse sentido. Pois só Ele podia conhecer o sentido espiritual e no-lo manifestar. O próprio divino Salvador nos mostra e ensina esse sentido nos Evangelhos. A semelhança do Mestre, também os apóstolos o ensinaram em palavras e por escrito, a tradição ininterrupta da Igreja o demonstra e a aplicação multissecular da liturgia o confirma... No mais, evitem, conscienciosamente apresentar outras interpretações figuradas como se fossem o sentido espiritual da Sagrada Escritura... É verdade no exer-

> cício da pregação pode ser útil o emprego de interpretações figuradas, tendo, porém, em vista a prudência e a finalidade.
>
> Todavia, tal emprego da Sagrada Escritura não é sem perigo... A palavra viva de Deus não precisa de artifícios ou de preparativos humanos para tocar e sacudir as almas. Os Livros Sagrados, por si mesmos, estão cheios de profundo sentido. Dotados de força divina, atuam por si mesmos. Ornados de beleza celestial iluminam e irradiam por própria força. Ao menos os interprete o exegeta tão correta e exatamente que transpareciam todos os tesouros de sabedoria e prudência nelas encerrados" (EB 551-53).

Tanto para o exegeta, como para o simples leitor da Bíblia, vale aquilo que a Comissão Bíblica disse na já citada Instrução sobre o estudo bíblico nas faculdades eclesiásticas: tanto melhor se conhecerá o verdadeiro e profundo sentido da Sagrada Escritura, "quanto maiores forem, ao lermos a Bíblia, a pureza de coração, a clareza da inteligência, a humildade da alma e o respeito e amor para com o Deus que se revela a nós" (EB 599).

CAPÍTULO IV

A SOLICITUDE DA IGREJA PELO ESTUDO E PELA PROPAGAÇÃO DA BÍBLIA

Deus entregou a Sagrada Escritura à Igreja como documento da revelação, por isso compete ao Magistério Eclesiástico a interpretação autêntica bem como a propagação da Bíblia.

Em sentido negativo exerce a Igreja uma função defensiva e protetora, para com a Bíblia, tomando medidas para impedir falsificações da verdade bíblica e para advertir os fiéis contra interpretações erradas. Afinal, todo ato de reprovação de uma heresia, que se baseie sobre palavras mal interpretadas da Bíblia, quer isso se faça por uma declaração dogmática, quer pelo Magistério Ordinário, é, ao mesmo tempo, uma medida que defende e esclarece o genuíno sentido da Sagrada Escritura. De maior importância para a defesa da revelação bíblica foram as já citadas declarações dos Concílios de Trento e do Vaticano, referentes à questão do cânon e da inspiração, bem como o Decreto *Lamentabile* de Pio X, de 3 de junho de 1907, visando a defesa das edições bíblicas contra o assim chamado modernismo (EB 190-256). Em certas ocasiões, devia a Santa Sé ou o episcopado decretar a proibição de determinadas edições bíblicas, ou traduções, ou ainda livros concernentes a questões bíblicas, impedindo desta forma a falsificação da Bíblia.

De maior interesse são, todavia, as seguintes determinações atuais, de caráter defensivo:

1) Segundo o Direito Canônico (*Codex iuris canonici*), as edições da Bíblia e as traduções, os comentários bíblicos e todos os livros sobre questões bíblicas só podem ser publicados com aprovação eclesiástica (Can. 1385 § 1). Traduções para o vernáculo, sem anotações, precisam da aprovação da Santa Sé; para as traduções devidamente anotadas basta a licença do bispo competente (Can. 1391). Somente as pessoas que se dedicam ao estudo teológico ou bíblico especiali-

zado, podem utilizar edições de não católicos, se estas edições forem completas e fiéis, e se não combaterem, na introdução ou em anotações, os dogmas católicos (Can. 1400). A todos os demais católicos é vedado o uso de edições não católicas do original ou das traduções, novas e antigas (Can. 1399, 1). Quem edita ou imprime, sem licença, livros bíblicos, ou anotações e comentários dos mesmos, incorre em excomunhão simples (Can. 2318. Todas essas determinações acham-se colecionadas em EB 437-443).

2) Todos os clérigos, encarregados da cura pastoral ou do magistério, bem como os doutores de teologia, deverão prestar um juramento de que interpretarão "a Sagrada Escritura segundo o sentido que a Santa Madre Igreja manteve e mantém" e "segundo o consenso unânime dos Santos Padres" (EB 73), e de não se afastarem da tradição da Igreja, das normas da fé, nem das diretrizes, dadas pela Santa Sé ou, respectivamente, pela Comissão Bíblica (EB 353 e 354).

3) Leão XIII instituiu pela Carta Apostólica, *Vigilantiae*, de 30 de outubro de 1902, a Pontifícia Comissão Bíblica (*Pontificia Commissio de Re Biblica*), encarregando-a de vigiar sobre a pureza da doutrina cristã, referente a questões bíblicas. As suas decisões são obrigatórias para toda a Igreja. Esta comissão, reuniu no *Enchiridion Biblicum*, segunda edição Nápoles, Roma 1954, todos os documentos eclesiásticos, que ainda hoje em dia se aplicam a assuntos bíblicos.

4) Uma instrução da Comissão Bíblica, de 15 de dezembro de 1955, (Acta Ap. Sedis 48, 1956, 61-64) ordena que é necessário obter licença do bispo competente para se fazerem congressos ou cursos bíblicos para leigos, bem como para se fundarem agremiações de propagação bíblica e de aprofundamentos bíblicos. Os diretores de tais congressos, cursos e associações deverão mandar à autoridade eclesiástica um relatório dos temas tratados ou dos trabalhos realizados.

Ao lado disso, a Igreja desde sempre fomenta, de maneira ativa e positiva, os estudos bíblicos. Não vamos, contudo, dar aqui uma comprovação histórica detalhada dessa afirmação. Apenas mencionamos os seguintes fatos bastante recentes.

1) As encíclicas orientadoras *Providentissimus Deus* de Leão XIII (1893), *Spiritus Paraclitus* de Bento XV (1920), *Divino Afflante Spiritu* (1943) de Pio XII e a Carta dirigida por ele aos bispos da Itália (1941). Estes documentos já foram por nós citados várias vezes. Neles os papas encorajam os cientistas a um estudo minucioso de todos os problemas bíblicos. Pedem aos bispos uma ajuda eficaz no Movimento

Bíblico entre os fiéis e o fomento dos estudos bíblicos em seminários e institutos teológicos, e a todos os fiéis recomendam a leitura assídua da Bíblia e o aprofundamento de seus conhecimentos nesta matéria.

2) Com insistência particular recomenda a Sé Apostólica o cultivo de profundos estudos bíblicos nas faculdades e escolas superiores de teologia e uma sólida formação dos clérigos nestas questões. Já nos referimos ao decreto do Concílio de Vienne (1311), erigindo cátedras para as línguas orientais. Na 5ª sessão do Concílio de Trento, de 17 de junho de 1546, resolveu-se não só a instituição de cátedras para ciências bíblicas em institutos eclesiásticos, mas até fundar canonicatos e órgãos junto às igrejas catedrais, conventuais, paroquiais, a fim de que a Bíblia seja explicada ao povo (EB 65-72). Se estas resoluções tivessem sido executadas, os católicos do tempo do Iluminismo e do Modernismo teriam, provavelmente, sofrido menos perturbação na sua fé. Pio X, na sua Carta Apostólica, *Quoniam in re biblica* de 27 de março de 1906 (EB 162-180) deu normas precisas sobre o estudo da Sagrada Escritura nos seminários. Pio XI, por sua vez, exige, no *Motu Proprio Bibliorum scientiam* de 24 de abril de 1924 (EB 505-512), uma sólida formação científica para os professores de exegese. Por isso ele ordena que em cátedras de exegese e em cargos aos quais incumbe oficialmente a explicação da Bíblia só sejam admitidos eclesiásticos possuidores de graus acadêmicos, adquiridos no Pontifício Instituto Bíblico ou junto á Comissão Bíblica.

A própria Comissão Bíblica deu em 13 de maio de 1950 uma instrução muito importante, exortando a todas as autoridades eclesiásticas, a fomentarem os estudos exegéticos, proporcionando a estudantes e sacerdotes estudos especializados, a conceder o tempo suficiente, bem como o dinheiro necessário, a fim de que estudantes e professores possam dar-se a tais estudos. Estas diretrizes bem observadas fariam aumentar o número de exegetas católicos e a propaganda sectária nos causaria menos inquietação.

3) A atividade da Comissão Bíblica manifestou-se, inicialmente, mais pela defesa contra os erros e pela demarcação do ponto de vista católico. Foi, porém, também a intenção de seu fundador de que a Comissão viesse a incrementar os estudos bíblicos de maneira positiva (EB 143, 145, 146). Esta finalidade foi bem acentuada por Pio X na Carta Apostólica *Scripturae Sanctae*, de 23 de fevereiro de 1904 (EB 149-157), dizendo ser tarefa da Comissão formar exegetas católicos, podendo para isso conferir os graus acadêmicos.

4) Fato marcante na história da exegese católica foi a fundação do Pontifício Instituto Bíblico (*Pontificium Institutum Bliblicum*) em Roma, pela Carta Apostólica *Vinea Electa* de Pio X de 7 de maio de 1909 (EB 297335). Com isso possui a Igreja Católica um Instituto de pesquisas bíblicas, estimado mesmo nos círculos científicos não católicos. Nele se formou toda uma geração de novos exegetas católicos.

O Instituto é, pois, uma escola superior, independente, com direito de promover aos graus acadêmicos. Possui, ao lado das duas faculdades de exegese e estudos orientais, excelente biblioteca, franqueada aos cientistas de todos os credos. Mantém ainda uma casa de estudos em Jerusalém, onde anualmente se fazem cursos científicos e excursões para os estudantes do Instituto e para professores de exegese. Gozam de muito renome as revistas *Bíblia* e *Verbum Divinum*, as muitas publicações sobre assuntos bíblicos e orientais, bem como as séries de dispositivos instrutivos para projeções luminosas.

5) A solicitude da Sé Apostólica não deixou de influenciar dioceses e Congregações religiosas. Já em 1889 tinham os dominicanos franceses fundado excelente Instituto especializado para estudos bíblicos em Jerusalém, conhecido hoje sob o nome de *Ecole practique d'Etudes bibliques*, onde se edita a célebre revista *Revue biblique* e muitas outras obras exegéticas. Em diversos países surgiram agremiações com o intuito de aprofundar os conhecimentos bíblicos e de propagar a Bíblia em vernáculo (Na Alemanha é o *Katholisches Bibel-Werk* em Stuttgart). Em outros países ainda fazem-se, regularmente, semanas de cursos bíblicos para sacerdotes, catequistas e leigos. Outro sinal do interesse despertado entre o povo católico são as muitas obras bíblicas científicas e populares, e ainda os comentários e revistas bíblicas.

Não obstante, resta ainda muito que trabalhar se quisermos tornar a Bíblia um livro popular e se quisermos imunizar os fiéis contra a propaganda das seitas. Nos seguintes setores poderia haver futuramente maiores esforços:

a) As instituições e os movimentos bíblicos deveriam receber ajuda financeira das dioceses para poder cumprir suas tarefas.

b) As diversas dioceses deveriam, de comum acordo com as diretrizes de Roma, pôr à disposição maior número de estudantes e jovens sacerdotes para estudos bíblicos financiando naturalmente estes estudos.

c) Muitas vezes é o ensino bíblico administrado por professores leigos. Impõe-se, portanto, uma sólida formação bíblica para eles. Por isso deveria haver, nas academias e escolas normais, ensino oficial desta matéria. Sendo insuficiente o número de padres para lecionar estas matérias, poder-se-ia procurar meios para dar a leigos formação exegética. Já foram feitas tentativas neste sentido.

d) Para impedir maior afastamento do que até agora houve, entre exegese e catequese bíblica, impõe-se maior colaboração entre especialistas, círculos catequéticos, catequistas, teólogos e as autoridades eclesiásticas, encarregadas do ensino religioso.

Se a exegese se esforçar por descobrir o sentido genuíno da Sagrada Escritura, tomando em consideração as exigências da cura pastoral, se a teologia prática traduzir para os homens de nossos dias a palavra de Deus, elucidada pelos sábios, e se o Magistério Eclesiástico fomentar e vigiar este trabalho, então se realizará o desejo de Pio XII, expresso na sua encíclica bíblica:

> "Que a Igreja tenha outros tantos ilustres exegetas, como no passado; que possam os fiéis haurir destes esforços e trabalhos, toda a iluminação, consolação e alegria, inerentes à Sagrada Escritura" (EB 569).